Hildegard Rudolph
Eva Miquel-Heininger

Spanisch einfach richtig

TYPISCHE FEHLER VERMEIDEN

Hueber Verlag

Umschlagfoto: © Getty Images/iStock/AaronAmat

Zeichnungen: Martin Guhl, Stein am Rhein, Schweiz

3. 2. 1. | Die letzten Ziffern
2023 22 21 20 19 | bezeichnen Zahl und Jahr des Druckes.
Alle Drucke dieser Auflage können, da unverändert, nebeneinander benutzt werden.
1. Auflage

Ersetzt die ISBN 978-3-19-657918-5
Umschlaggestaltung: Sieveking · Agentur für Kommunikation, München
Layout und Satz: Sieveking · Agentur für Kommunikation, München
Konzeption: Valerio Vial, München
Verlagsredaktion: Elke Sagenschneider, München; Jürgen Frank, Hueber Verlag, München
Druck und Bindung: Firmengruppe APPL, aprinta druck GmbH, Wemding
Printed in Germany
ISBN 978-3-19-317918-0

Art. 530_26527_001_01

Vorwort

Für wen ist dieses Buch?

Sie sprechen bereits Spanisch, aber es schleichen sich immer wieder dieselben Fehler ein? Sie sind sich manchmal nicht sicher, ob Sie die richtige Zeitform oder das richtige Wort gewählt haben? Zwei Formen sind sich ähnlich und Sie wissen nicht, für welche Sie sich entscheiden sollen? Kurzum: Sie möchten Ihr Spanisch verbessern und die typischen Fehler vermeiden? Dann ist dieses Buch genau das richtige für Sie.

Natürlich ist Fehler nicht gleich Fehler. Wenn manch ein *error* (Fehler) zum Spanischlernen einfach dazugehört, kann bei einem *horror* (etwa: entsetzlicher Fehler) von einer *buena impresión* gewiss nicht mehr die Rede sein!

Was Sie mit diesem Buch erreichen können

Mit diesem Übungsbuch können Sie gezielt Ihr Spanisch von den lästigen *errores* und *horrores* befreien, zu denen deutschsprachige Lernende immer wieder neigen. *Spanisch einfach richtig* bietet Ihnen 275 Übungen zu Grammatik, Wortschatz und Sprachgebrauch und ist bestens zum praktischen und schnellen Wiederholen und Üben geeignet. Das Buch ermöglicht eine Analyse und Korrektur fehleranfälliger Bereiche und fördert die korrekte und authentische Kommunikation.

Spanisch einfach richtig eignet sich für Selbstlerner, die wichtige Wörter und Sprachstrukturen üben und festigen wollen, sowie als zusätzliches Übungsmaterial in allen Bildungseinrichtungen.

Wie das Buch aufgebaut ist

Spanisch einfach richtig besteht aus drei großen Teilen: *Sprechen und Schreiben* (S. 7–26), *Wörter und Wendungen* (S. 27–82) sowie *Grammatik* (S. 83–197). Im Inhaltsverzeichnis (S. 5–6) finden Sie hierzu detailliertere Informationen. Selbstverständlich enthält das Buch auch einen Lösungsschlüssel (S. 199–241), mit dem Sie Ihre Arbeit kontrollieren und notfalls berichtigen können. Hier finden Sie auch ergänzende Erklärungen zu den typischen Fehlern – jeweils nach diesem Symbol ▶. Am Ende des Buches befindet sich außerdem ein alphabetisches Register (S. 243–247), das ein schnelles Auffinden der behandelten Wörter und Themen ermöglicht.

Wie Sie mit dem Buch arbeiten können

Über das Inhaltsverzeichnis oder das Register im Anhang finden Sie die Themen, die Sie gezielt üben möchten. Das Buch ist aber insgesamt so abwechslungsreich gestaltet, dass Sie es auch systematisch von Kapitel zu Kapitel bearbeiten können. Oder aber Sie schlagen das Buch einfach auf und machen nur die Übungen, die Sie interessieren.

Aus Fehlern wird man klug!

Jedes Thema bietet Übungen unterschiedlichen Schwierigkeitsgrades (etwa von Niveau A2 bis B2 des *Gemeinsamen Europäischen Referenzrahmens*). Das kleine Symbol ⚡ oben links – direkt neben der Übungsziffer – weist darauf hin, dass sich die jeweilige Übung für Lernende mit Kenntnissen auf dem Niveau B1 bis B2 eignet. Sind Sie Anfänger, dann sollten Sie sich zunächst unbedingt mit den anderen Übungen – für das Niveau A2 – beschäftigen. *Spanisch einfch richtig* konzentriert sich auf die besonders fehleranfälligen Bereiche des Spanischen. Weiterführende Informationen zu den umrissenen Themen erhalten Sie in einem Wörterbuch, einem Lehrbuch oder einer Grammatik.

Lassen Sie sich nicht entmutigen, wenn Sie eine Übung nicht auf Anhieb richtig lösen können. Es ist geradezu der Zweck mancher Übungen, Aha-Erlebnisse auszulösen und somit ein besseres Verständnis für die grammatikalischen und lexikalischen Strukturen der spanischen Sprache zu ermöglichen. Am besten Sie wiederholen die Übung zu einem späteren Zeitpunkt und lernen einfach dazu – ganz nach dem Motto *¡De los errores se aprende!* (Aus Fehlern wird man klug!)

Und nun wünschen wir Ihnen: *¡Mucha suerte!* Viel Erfolg!

Autorinnen und Verlag

Verwendete Abkürzungen:

jmd. = jemand
etw. = etwas
m = maskulin (männlich)
f = feminin (weiblich)
sg = Singular
pl = Plural
fam = familiär

Inhaltsverzeichnis

Sprechen und Schreiben 7

1. Aussprache und Betonung 8

1.1 Gut gemeint, aber 9
Kleine und große Aussprachefallen

1.2 So treffen Sie den richtigen Ton 16
Das gehört betont

2. Schreibung 19

2.1 Zeichen setzen 20
So schreiben Sie richtig

2.2 Buchstäblich falsch 24
Es kommt auf jeden Buchstaben an

Wörter und Wendungen 27

3. Wortschatz 28

3.1 Der Schein trügt 29
Vom Umgang mit falschen Freunden

3.2 Wer die Wahl hat, hat die Qual 38
Ein Wort im Deutschen – mehrere im Spanischen
Ein Wort im Spanischen – mehrere im Deutschen

4. Wendungen 54

4.1 Gute Nachbarn 55
Wörter, die zusammenpassen

4.2 So viele Bilder im Kopf 64
Bildliche Redewendungen

4.3 Wie sagt man noch mal ...? 73
Wo Spanischsprachige anders ticken

Grammatik 83

5. Artikel 84

5.1 Im Regeldickicht 85
Bestimmte und unbestimmte Artikel

5.2 Mit oder ohne? 90
Gebrauch der Artikel

6. Substantive 93

6.1 Männlein oder Weiblein? 94
Das Geschlecht der Substantive

6.2 Einer allein reicht nicht 99
Der Plural der Substantive: Fallstricke

7. Adjektive und Adverbien 102

7.1 Ende gut, alles gut 103
Endungen der Adjektive

7.2 Jedem das Seine 107
Possessivadjektive

7.3 Wohin damit? 111
Stellung der Adjektive

7.4 Der feine Unterschied 115
Adjektiv oder Adverb?

7.5 Größer, schöner, besser! 117
Steigerung der Adjektive und Adverbien

8. **Pronomen & Co.** 123

8.1 **Die Alleskönner** 124
Personalpronomen

8.2 **Alles ist relativ?** 129
Relativpronomen

8.3 **¿Hay alguien?** 131
Indefinita

8.4 **Darf ich Sie etwas fragen?** 133
Fragewörter

9. **Präpositionen** 135

9.1 **Wo denn nun – in oder auf?** 136
Die einfachen Präpositionen

9.2 **Im Doppelpack** 141
Die zusammengesetzten Präpositionen

9.3 **Achtung: Verwechslungsgefahr!** 143
Eine Präposition im Deutschen, zwei im Spanischen

10. **Verben** 146

10.1 **Sein oder nicht sein** 147
Die Verben estar, ser und hay

10.2 **Reine Formsache** 151
Reflexive Verben

10.3 **Auf Beugen und Brechen** 154
Verbkonjugationen

10.4 **Die Mischung macht's** 161
Zusammengesetzte Verbformen

10.5 **Niemand ist perfekt** 166
Pretérito perfecto, pretérito imperfecto, indefinido

10.6 **¿Qué será?** 170
Das Futur

10.7 **Das Phantom der Verben** 173
Das gerundio

10.8 **Zu Befehl!** 176
Der imperativo

10.9 **Nicht nur Tatendrang** 181
Das Passiv

10.10 **Mit Wenn und Aber** 185
Der subjuntivo

10.11 **Nie und nimmer!** 193
Die Verneinung

10.12 **Stille Post** 195
Indirekte Rede und Zeitenfolge

Lösungen 199

Register 243

Sprechen und Schreiben

1. Aussprache und Betonung

1.1 **Gut gemeint, aber …**
Kleine und große Aussprachefallen

1.2 **So treffen Sie den richtigen Ton**
Das gehört betont

1.1 Gut gemeint, aber ...

Kleine und große Aussprachefallen

Wie verschmiertes Make-up, eine knallbunte Krawatte, die nicht sitzen will, oder die Tennissocken zum Businessanzug – so oder ähnlich wirken auch Aussprachefehler auf Ihr Gegenüber. Klar, irgendwie versteht man sich schon. Und dennoch: Würden Sie einen solchen Fehlgriff nicht gern vermeiden? Dann lassen Sie uns doch ein bisschen an Ihrem Outfit arbeiten.

1 Calamares con cebollas, ¡qué comida!

In welchen Wörtern wird das *c* wie [k] – wie in „Kaffee" – und in welchen wie [θ] – wie ein gelispeltes „s" – ausgesprochen? In welchen Wörtern kommen beide Laute vor? Kreuzen Sie an.

	[k]	[θ]	[k]+[θ]
1. ciudad	○	○	○
2. miércoles	○	○	○
3. acercar	○	○	○
4. despacio	○	○	○
5. bicicleta	○	○	○
6. cuerpo	○	○	○
7. concierto	○	○	○
8. vacaciones	○	○	○

! Im Deutschen gilt Lispeln als Sprachfehler, der oft belächelt wird und Logopäden auf den Plan ruft. In Spanien gehört es zur richtigen Aussprache dazu. Hingegen wird in den Ländern Lateinamerikas, aber auch auf den Kanarischen Inseln und in Teilen Andalusiens anstatt des gelispelten Lautes [θ] ein stimmloses [s] (wie die beiden -s- in „Wasser") gesprochen.

2 Hoy cocemos zanahorias

Lispeln lässt sich im Spanischen nicht nur mit *c*, sondern auch mit *z*. Streichen Sie in den Wörtern den falschen Buchstaben durch.

1. ¿Te gustaría ir al **c/z**ine esta noche?
2. ¿Un dé**c/z**imo de **c/z**ien? – Die**c/z**.
3. ¿Quieres otro tro**c/z**o? – Sí, pero solo un tro**c/z**ito.
4. La tarta de **c/z**ere**c/z**a es muy dul**c/z**e. ¿Cuánto a**c/z**úcar le has añadido?
5. ¿Es usted de Sue**c/z**ia o de Sui**c/z**a?
6. ¿Cuántas ve**c/z**es te ha tocado la lotería[1]? – Solo una ve**c/z**, ¡el bote[2]!

[1] tocarle a alguien la lotería = in der Lotterie gewinnen
[2] bote *m* = Jackpot

3 Me quedo en casa comiendo kikos[1]

Drei Schreibweisen für nur einen Laut! Setzen Sie in den folgenden Wörtern *c*, *k* oder *qu* für den fehlenden [k]-Laut ein.

___arate ___risis
ban___o ___ilogramo mante___illa
___ímica al___ilar bos___e
___orbata
___laro ___ilómetro
pelu___a

[1] kikos *m pl* = geröstete und gesalzene Maiskörner

4 ¡Genial, otro gol![1]

In welchen Wörtern wird das *g* wie [g] – wie in „Garten“ – und in welchen wie [x] – wie in „lachen“ – gesprochen? In welchen Wörtern kommen beide Laute vor? Schreiben Sie die Laute in die Klammern.

[___] digital	[___] gente	[___] colegio
[___] imagen	[___] portuguesa	[___] madrugada
[___] alguno	[___] gota	[___] guardia
[___] guía	[___] guerra	[___] pedagógico
[___] trigo	[___] biología	[___] domingo
[___] gigante	[___] gustar	[___] paraguas

[1] gol *m* = Tor

> **!** Perfekt ausgesprochen hört man einen leichten Unterschied zwischen dem *g* in *guerra* und dem in *madrugada*: In *guerra* entspricht es dem deutschen „g“ wie in „Garten“; das gilt für alle Wörter vor den Vokalen *a, o, u* am Satzanfang und nach *n*. Im Wortinnern wird es weicher gesprochen.

5 Sale agua de la manguera[1]

Kreuzen Sie die Wörter an, in denen das *u* zwischen *g* und Vokal gesprochen wird.

- agua
- antigüedad
- juguete
- guante
- cigüeña
- guionista[2]
- hamburguesa
- igual
- lenguaje
- manguera

[1] manguera *f* = Wasserschlauch
[2] guionista *m/f* = Drehbuchautor(in)

6 Una guitarra para el pingüino

In die beiden Spalten haben sich jeweils Wörter eingeschlichen, die ihrer Aussprache nach dort nicht hingehören. Umkreisen Sie sie.

[g]	[x]
águila	colgar
gobierno[1]	regional
página	bilingüe
elegir	ingeniero
albergue	generoso
origen	amiga
bigote	antigua
pingüino	urgente

[1] gobierno *m* = Regierung

7 ¡Ja, ja![1]

Das mit *g* und *j* und der Aussprache [g] oder [x] ist nun wirklich nicht zum Lachen! Ein Wort tanzt jeweils aus der Reihe. Schreiben Sie es auf die Linie.

1. peligro agua grande bigote general
   ____
2. jefe julio gente vergüenza jamón
   ____
3. peligro mejor yogur luego gustar
   ____
4. bodega enseguida mujer pregunta guerra
   ____
5. agosto dibujo bajar proteger gitano
   ____

[1] ¡Ja, ja! = Haha!

8 Barriles de vino, botellas de cerveza

Welche der folgenden Wörter werden mit *b* und welche mit *v* geschrieben? Ergänzen Sie den richtigen Buchstaben.

a___uelo

___eso

___iaje

a___enida

escri___ir

a___entura

___iento

su___ir

___erde

re___ista

a___ril

en___iar

___ien

li___ro

a___ierto

ca___eza

___olar

sel___a

o___ra

___ida

9 Ya no llueve...

Auf nichts ist mehr Verlass! Hört sich irgendwie gleich an, schreibt sich aber anders. Ergänzen Sie die Wörter in den Sätzen mit *ll* oder *y*.

1. ___ a estamos en el mes de ma ___ o.
2. Se acabaron las ___ uvias y ___ ega el buen tiempo.
3. Pon la toa ___ a en la bolsa, que nos vamos a la pla ___ a.
4. Podemos ___ evarnos una cesti ___ a con el almuerzo.
5. ___ o preparo una torti ___ a y bocadi ___ os de po ___ o.
6. O ___ e, ¿te puedo a ___ udar o nos vemos directamente a ___ í?

> **!** Nennt jemand in Argentinien seinen Namen, sagt er *Yo me llamo...* und das klingt so: [ʒo me ʒamo]. *Y* und *ll* werden zwar, genau wie in Spanien, gleich ausgesprochen, aber eben wie [ʒ] (wie das zweite „g" in „Garage").

10 ¡Eso suena horroroso!

Ob doppelt oder einfach, es hört sich fast bedrohlich an, so stark wird es gerollt. Ordnen Sie die folgenden Wörter in die richtige Aussprachegruppe ein.

árbol • arroz • comer • crema • dinero • drama • fruta
hierro • hombre • israelí • negro • padre • pelirrojo
prueba • rayo • rojo • tren

[r] (einfach gerollt)	[rr] (mehrfach gerollt)
___	___
___	___
___	___
___	___
___	___

11 El perro de San Roque

Ergänzen Sie in den Zungenbrechern – auf Spanisch: *trabalenguas* – die Lücken für den mehrfach gerollten [rr]-Laut mit *r* oder *rr* und lesen Sie sie anschließend laut vor.

1. El pe___o de San ___oque no tiene ___abo, porque ___amiro ___amírez se lo ha co___tado.
2. ___osa ___izo ___eza ___uso, ___uso ___eza ___osa ___izo.
3. ¿Cómo quie___es que te quie___a, si el que quie___o que me quie___a no me quie___e como quie___o que me quie___a?
4. El cielo está enlad___illado, ¿quién lo desenlad___illará? El desenlad___illador que lo desenlad___ille, buen desenlad___illador será.

12 ¡Atención, por favor!

Sind folgende Aussagen zur spanischen Aussprache richtig oder falsch? Kreuzen Sie an.

	verdadero	falso
1. Delante de una vocal, la *c* se pronuncia siempre [θ].	○	○
2. La *g* se pronuncia [g] como en la palabra alemana „Garten" delante de una consonante y de las vocales *a, o, u*.	○ ○	○ ○
3. En las combinaciones *-gue-* y *-gui-*, la *g* se pronuncia [x].	○	○
4. Delante de la vocal *e* y la vocal *i*, la *j* se pronuncia [x].	○	○
5. La pronunciación de la *b* y la *v* es la misma.	○	○
6. La *r* se pronuncia siempre suave, la *rr* fuerte.	○	○
7. La pronunciación de *qu* es siempre [k].	○	○

1.2 So treffen Sie den richtigen Ton

Das gehört betont

Sprache hat viel mit Musik zu tun. Der Rhythmus einer Melodie entsteht aus dem Wechsel von betonten und unbetonten Noten, und der Rhythmus einer Sprache ergibt sich aus betonten und unbetonten Silben. Für beide gilt: Damit es gut klingt, muss die Betonung stimmen. Und nun: Bühne frei – zeigen Sie uns, dass Sie Rhythmus im Blut haben.

13 Un poco de música

Wo liegt die betonte Silbe? Verbinden Sie die Wörter mit dem passenden Betonungsmuster. Jede Note stellt eine Silbe dar.

1. habitación
2. tomaron
3. salud
4. hospital
5. chocolate
6. luces
7. sábado

a. 
b. 
c. 
d. 
e. 
f. 
g. 

1.	2.	3.	4.	5.	6.	7.

14 ¿Molestia[1] o alegría?

Viele spanische Wörter enden auf -*ia*. Bei manchen wird das *i* betont und trägt einen Akzent. Setzen Sie bei den folgenden Wörtern den Akzent, wo es nötig ist. Übrigens: Bei einem Wort hängt es von der Bedeutung ab, ob das *i* betont wird oder nicht. Wissen Sie, bei welchem?

agencia
biología
tonteria
cafeteria
farmacia
tia
Maria
noticia
guia
hacia
guardia
panaderia
tranvia
categoria
terapia

[1] molestia *f* = Belästigung

15 Música tónica[1]

Nur ein kleiner Unterschied in der Betonung, aber ein großer in der Bedeutung. Unterstreichen Sie im folgenden Text in allen mehrsilbigen Wörtern die betonten Silben.

¡Con qué ánimo animó el concierto mi cantante favorito! Si no me animo con su música, no me animo con nada. Ayer se ganó al público con el último disco que publicó. Es un músico muy célebre. Me alegro de que celebre tantos éxitos. Si algún crítico le criticó alguna vez, fue a causa de un equívoco, si no me equivoco... 😉

[1] tónico = betont

16 Imperativo… con armonía

Wo liegt die betonte Silbe? Schreiben Sie die Imperative unter das passende Betonungsmuster. Jede Note stellt eine Silbe dar. Setzen Sie auch die fehlenden Akzente.

cerradlas • cometelo • corred • cuentales • escribeselo
hable • idos • invitelos • lavaos • levantaos • llevemonos
pontelo • pruebesela • repite • venid

! Tipp: Lesen Sie Imperativformen mit angehängten Pronomen zunächst ohne die Pronomen laut vor. Dann hängen Sie das Pronomen einfach an – die Betonung bleibt auf der gleichen Silbe wie vorher, und die Silbe bekommt eventuell einen Akzent.

2. Schreibung

2.1 Zeichen setzen
So schreiben Sie richtig

2.2 Buchstäblich falsch
Es kommt auf jeden Buchstaben an

2.1 Zeichen setzen

So schreiben Sie richtig

Die spanische Rechtschreibung ist ein echter Glücksfall. Denn um Ihre E-Mails nach Spanien richtig zu schreiben, brauchen Sie kein Regelwerk zu studieren und auch nicht in dicken gelben Büchern nachzusehen. Dennoch gibt es ein paar Dinge zu beachten.

17 ¿MAYÚSCULA o minúscula?

Setzen Sie in den folgenden Dialogen die Großbuchstaben, wo es nötig ist.

1. ◆ felipe, ¿qué vas a estudiar?
   ● quizás arquitectura. es que me encantan los edificios modernos.
2. ◆ ¿podría ponerme[1] con el sr. romero?
   ● lo siento. no está hasta finales de mayo.
3. ◆ ¿qué tipo de vino les traigo a ustedes, señores?
   ● un tinto de la rioja, por favor.
4. ◆ ¿había mucha gente?
   ● sí, habían llegado todos: los colegas de la empresa fueron los primeros, luego llegaron los vecinos,...
5. ◆ ¿estudiaste español en el instituto cervantes de múnich?
   ● no, en un instituto de idiomas de málaga.
6. ◆ ¿de dónde son uds., señores?
   ● de los ee.uu.

[1] poner = (am Telefon) verbinden

18 Una carta para ti

„Komm, wir essen Opa" – oder doch eher: „Komm, wir essen, Opa"? Schließlich leben Sie ja nicht unter Kannibalen. Ein Text ohne Satzzeichen kann zu folgenschweren Missverständnissen führen. Gestalten Sie den folgenden Brief leserfreundlicher, indem Sie Satzzeichen setzen, wo sie notwendig sind. Achten Sie dabei auch auf die Groß- und Kleinschreibung.

querida asunción te escribo esta carta para invitarte a mi fiesta de cumpleaños que celebraré esta vez a lo grande[1] con mi familia y amigos qué ilusión me hace He reservado mesa en un restaurante de moda muy chic que me han recomendado varias veces he pensado que después de cenar podemos ir a tomar algo y a bailar por ahí hay muchos locales en el centro de la ciudad oye qué bonito si venís toda la pandilla[2] seguro que lo pasaremos bien bueno confírmame si vienes vale espero que sí un beso raquel

[1] a lo grande = im großen Stil
[2] pandilla *f* = Clique

19 De la coma se trata

Ergänzen Sie in den folgenden Sätzen die Kommas – aber bitte nach den spanischen Kommaregeln!

1. Carmen no hagas nada antes de que te llame.
2. Venden todo tipo de fruta: manzanas peras fresas plátanos etc.
3. ¿Quieres que te ayudemos? – No gracias. No es necesario.
4. Si hace buen tiempo mañana damos un paseo en bicicleta.
5. Y vamos al museo si llueve.
6. Desgraciadamente no pudimos visitar la catedral porque estaba cerrada.
7. Mi abuela que cumplirá 90 años en enero vive en Cádiz.

20 ¡Atención, por favor!

Sind folgende Aussagen richtig oder falsch? Kreuzen Sie an.

	verdadero	falso
1. Detrás de dos puntos se sigue con una mayúscula.	○	○
2. Las abreviaturas de palabras para dirigirse a una persona se escriben con mayúscula.	○	○
3. Las asignaturas se escriben con minúscula.	○	○
4. Se pueden usar todas de estas comillas: "...", «...» „...".	○	○
5. Los nombres de días y meses se escriben con minúscula.	○	○
6. En las enumeraciones se pone una coma delante de "etc."	○	○
7. Hay una coma detrás del nombre de la persona a quien se escribe una carta.	○	○

! Das Datum schreibt man auf Spanisch so: 15.10.2018; in Briefen meistens so: *Madrid, 15 de octubre de 2018*. Vor und nach dem Monat steht die Präposition *de*.

21 Sí, si me ayudas,...

Eigentlich ganz nützlich, so ein Akzent. Er hilft, gleich lautende Wörter mit verschiedener Bedeutung voneinander zu unterscheiden. Auf welche der fettgedruckten Wörter gehört ein Akzent?

1. **Si** me insistes tanto, seguro que al final digo que **si**.
2. **De** ti depende que te **de** más o menos confianza.
3. **Te** invito esta tarde a tomar el **te**.
4. Claro que tienes **mas** opciones, **mas** decídete ya de una vez.
5. ¿**Que** puedo hacer para **que** digas que sí?
6. Tengo **el** consejo que necesitas, confía en **el**.
7. **Mi** recomendación es muy buena, no sé qué harías sin **mi**.
8. **Se** que **se** hace muy difícil dejarse ayudar a veces.
9. **Tu** solo tienes que seguir **tu** propia intuición.

22 Y los acentos, ¿dónde están?

In den folgenden Sätzen sind die Akzentzeichen verschwunden. Ergänzen Sie sie.

1. ¿Sabes como funciona este ordenador?
2. ¡Que sorpresa! No sabia que tu tambien vives aqui.
3. ¿A cuantos kilometros esta tu casa del aeropuerto?
4. No se que significa lo que dices.
5. Hable con ella, pero quieren que hable tambien con el.
6. Antonio, ¡socorro! ¿Tu sabes por donde entro este perro tan grande?
7. Me gusta mucho la musica clasica.
8. ¡Como has cambiado! ¡Chica, estas esplendida!
9. ¿Quien sabe cuanta gente va a venir a la funcion teatral?
10. ¿Cuando has llegado, Valentin?

2.2 Buchstäblich falsch

Es kommt auf jeden Buchstaben an

Seltsam, aber wahr: Ein einzelner Buchstabe verrät nicht nur, wie gut Sie die spanische Rechtschreibung draufhaben, sondern bringt vielleicht auch Ihre spanischen Freunde zum Kichern, denn manchmal macht ein einziger Buchstabe einen Unterschied in der Bedeutung aus. Also, aufgepasst: Es geht um Ihre Ehre!

23 ¡Qué carro tan caro!

Übersetzen Sie die folgenden Sätze und wählen Sie für das fett gedruckte Wort den richtigen spanischen Begriff aus.

1. Der **Hügel** liegt 120 Meter über **Null**.

   ______________________________. — cero / cerro

2. Singst du schon lange in diesem **Chor**?

   ______________________________. — coro / corro

3. Carmens **Hündin** frisst gerne **Birnen**.

   ______________________________. — pera / perra

4. **Aber** Juans **Hund** frisst lieber Würstchen.

   ______________________________. — pero / perro

5. In diesem Restaurant gibt es nur **teure** Weine.

   ______________________________. — caro / carro

6. Wenn ich **renne**, erreiche ich den Zug.

   ______________________________. — coro / corro

! Bei diesen Begriffen kommt der Unterschied nicht nur in der Schreibung zum Ausdruck (einfaches und doppeltes *r*), sondern auch in der Aussprache (einfach gerolltes und mehrfach gerolltes *r*). Das *r* ist also nicht nur ein Thema für E-Mails!

24 Navegando por la malla mundial[1]

Ein *r* oder zwei *r?* Das ist Ihnen spätestens seit Übung 23 klar. Doch die gleiche Frage stellt sich beim *l:* eines zu wenig, schon wird aus der *malla mala* – und das ist schlecht. Entscheiden Sie sich für das richtige Wort und schreiben Sie es auf die Linie.

1. ¿Quién te regaló este (colar / collar) ______________ tan precioso?
2. Las pequeñas (calas / callas) ______________ escondidas[2] de la Costa Brava son muy bonitas.
3. ¿Tomamos (polo / pollo) ______________ o pescado?
4. Este jersey es de (lana / llana) ______________ de alpaca.
5. Yo siempre (loro / lloro) ______________ cuando leo una novela de amor. ¿Y tú?

[1] malla mundial *f* = World Wide Web
[2] escondido = versteckt

25 ¡Qué moño[1] tan mono[2]!

***N* oder *ñ?* Schreiben Sie hinter die Definitionen jeweils das richtige Wort.**

1. una / uña:	a. Las señoras se la pintan. ______________	
	b. Si tengo menos de dos cosas. ______________	
2. cana / caña:	a. Los ancianos la tienen. ______________	
	b. La pides cuando tienes sed. ______________	
3. campana / campaña:	a. Está en la torre de la iglesia. ______________	
	b. Se organiza para lograr algo. ______________	
4. ano / año:	a. Así se llama el período de 365 días. ______________	
	b. Así se llama la parte trasera del cuerpo. ______________	
5. pena / peña:	a. Te resulta de problemas o trabajo duro. ______________	
	b. La encuentras en una costa rocosa. ______________	

[1] moño *m* = Haarknoten, Dutt
[2] mono, -a = niedlich

26 ¿Hielo o helado?

Diphthong (Doppelvokal) oder nicht? Wählen Sie die richtige Alternative und streichen Sie den falschen Vokal oder Doppelvokal durch.

1. ◆ ¿Cómo vais a París?
   ● Yo, en avión. Tomo el primer v**o / ue**lo. Pero mi madre va en tren. Tiene miedo a v**o / ue**lar.
2. ◆ En esta cafetería ofrecen alm**o / ue**rzos variados a muy buen precio.
   ● Ya sé. Alm**o / ue**rzamos todos los viernes allí.
3. ◆ Han dicho en la radio que hay tanta n**e / ie**ve que no hay trenes ni autobuses.
   ● Sí, y además han dicho que seguirá n**e / ie**vando.
4. ◆ Carlitos, ¿ya sabes leer estos números?
   ● Sí, claro, mamá: n**o / ue**ve, n**o / ue**venta, n**o / ue**vecientos.
5. ◆ Nos gusta mucho j**u / ue**gar.
   ● Sí, pero solo a j**u / ue**gos con reglas fáciles de comprender.
6. ◆ ¿Tú tienes zapatillas con un c**e / ie**rre adhesivo[1]?
   ● Sí, pero no puedo c**e / ie**rrarlas bien. Prefiero cordones[2].

[1] cierre adhesivo *m* = Klettverschluss
[2] cordón *m* = Schnürsenkel

Wörter und Wendungen

3. Wortschatz

3.1 **Der Schein trügt**
Vom Umgang mit falschen Freunden

3.2 **Wer die Wahl hat, hat die Qual**
Ein Wort im Deutschen – mehrere im Spanischen
Ein Wort im Spanischen – mehrere im Deutschen

3.1 Der Schein trügt

Vom Umgang mit falschen Freunden

Nicht jeder Freund ist ein echter Freund. Diese bittere Erkenntnis gilt auch für die spanische Sprache. Denn auch hier mangelt es nicht an Wörtern, die sich anders geben, als sie eigentlich sind. Fakt ist: Sie sehen deutschen Wörtern ähnlich, haben aber meist eine ganz andere Bedeutung. Vorsicht also vor diesen tückischen „falschen Freunden".

27 alto / alt

Setzen Sie in den Wörtern die fehlenden Vokale ein.

1. No permiten coches en el casco ant__g__ __.
2. Con 828 metros el Burj Khalifa de Dubai es el edificio más __lt__ del mundo.
3. Cada día hay más personas m__y__r__s que usan el ordenador y navegan por Internet.
4. Como habían olvidado cambiar la etiqueta de precio me dieron la blusa al precio d__ __nt__s.
5. Pudimos entenderlo muy bien. Habló en voz __lt__.
6. El Ayuntamiento tendría que invertir más en el transporte público. ¡Los trenes y autobuses son v__ __j__s__m__s!
7. Muchos miembros de la __lt__ sociedad acudieron a la entrega de los Óscar[1].

[1] entrega de los Óscar *f* = Oscar-Verleihung

! Zweierlei haben Sie nun herausgefunden: wie die echten spanischen Entsprechungen des Adjektivs „alt" lauten und wann das Adjektiv *alto* im Spanischen tatsächlich gebraucht wird. Gegen diesen „falschen Freund" sind Sie also schon mal gewappnet!

28 artista / Artist

***Acróbata* oder *artista?* Bei Akrobaten, Artisten, Trapez- und anderen Künstlern kann einem schon manchmal der Kopf schwirren. Wie heißt denn nun wer?**

1. Lo que me encanta del circo es la actuación[1] de los ________________ (Artisten).
2. En el Centro de Arte no se muestran solo cuadros de Picasso, sino también obras de algunos ________________ (Künstler) desconocidos.
3. ¿Has cosido tú misma este traje de chaqueta[2]? ¡Eres una verdadera ________________ (Künstlerin)!
4. Una de las ________________ (Artistinnen) se cayó y la ingresaron en el hospital[3].

[1] actuación *f* = Auftritt
[2] traje de chaqueta *m* = (Damen-)Kostüm
[3] ingresar en el hospital = ins Krankenhaus einliefern

29 bombón / Bonbon

Wählen Sie von den zwei Wörtern in der Klammer das richtige aus und unterstreichen Sie es.

1. ◆ ¿Tu marido todavía está en Nueva York?
   ● No, volvió ayer. Y mira lo que me trajo: una caja de (bombones / caramelos) exquisitos.
2. ◆ ¿Vas también a la farmacia?
   ● A decir verdad[1], no. Pero si necesitas algo, puedo pasar por allí.
   ◆ Por favor, ¿podrías comprarme (bombones / caramelos) de hierbas[2]?
3. ◆ ¿Te gustan los dulces?
   ● No, no mucho. Los (bombones / caramelos) duros son malos para los dientes, y los (bombones / caramelos) de chocolate son malos para la figura.

[1] a decir verdad = ehrlich gesagt
[2] hierbas *f pl* = Kräuter

30 caliente / kalt

Gleich wird Ihnen abwechselnd heiß und kalt – wenn Sie Ihre falschen Freunde nicht erkennen.

1. Im Winter habe ich immer kalte Füße.

   ____

2. Du magst keine kalten Gerichte? Dann bestell doch eine heiße Suppe!

   ____

3. Was ist der Unterschied zwischen warmen und kalten Farben?

   ____

   ____

4. Ist es nicht ein bisschen zu heiß hier?

   ____

   ____

31 capa / Kappe

Finden Sie das passende Wort, indem Sie die Buchstaben in die richtige Reihenfolge bringen.

1. Me gustan las (a s r g o r) ______________, bufandas y guantes de lana de alpaca. Abrigan bien del frío de invierno.
2. Si no reducimos la emisión de dióxido de carbono[1], la (p a c a) ______________ de ozono seguirá disminuyendo.
3. La (b o n a i) ______________ es el sombrero típico de los vascos.
4. ¿Ya has visto que perdiste los (c u t a o s b p a) ______________ de ambas ruedas traseras[2]?
5. La (a c p a) ______________ negra que llevaste anoche sobre tu vestido es muy elegante. ¿Dónde la compraste?

[1] emisión de dióxido de carbono *f* = CO_2-Ausstoß
[2] rueda trasera *f* = Hinterrad

32 carta / Karte

Im Deutschen sagt man einfach immer „Karte". Das Spanische ist da viel präziser. Ergänzen Sie mit dem richtigen Wort.

billete • carta • entradas • ficha • mapa • menú • tarjeta

1. El pueblo donde pasasteis las vacaciones, ¿está lejos de la costa? No lo encuentro en el ______________.
2. No entiendo por qué el árbitro[1] le dio al portero[2] la ______________ roja.
3. Solo quedan pocas ______________ para el festival latino. Si quieres ir, dímelo pronto.
4. ¿Qué sello se necesita ahora para una ______________ dentro del país?
5. Por favor, ¿tienen el ______________ también en alemán?
6. Es justo que todos los que viajen sin ______________ tengan que pagar una multa.
7. Apunta todas las palabras nuevas en una ______________. Así las aprende más fácilmente.

[1] árbitro *m* = Schiedsrichter
[2] portero *m* = Torwart

33 desierto / Dessert

Eine wichtige Übung für Gourmets! Ergänzen Sie die fehlenden Buchstaben.

1. ¿Qué hay de p _ _ _ _ _?
2. Cuando estuvimos en Marruecos el año pasado, pasamos cuatro días en el d _ _ _ _ _ _ _.
3. El flan y el helado de chocolate son mis d _ _ _ _ _ preferidos.
4. Donde antes había muchos campos y pueblos ahora hay una región d _ _ _ _ _ _ _.
5. Lo que más me gusta de las comidas es la s _ _ _ _ _ _ _ _.

34 firma / Firma

Auch im Job ist man vor falschen Freunden nicht sicher. Setzen Sie in den Wörtern die fehlenden Konsonanten ein.

1. ◆ Como puedo leer en su currículum, ya ha trabajado en el marketing de otras e___ ___ ___e___a___ del sector automovilístico.
2. ● Sí, señor. Hasta el mes pasado trabajé en una ___o___ ___a___ía que luego fue trasladada[1] al extranjero. Antes estuve cinco años en una a___e___ ___ia de publicidad[2].
3. ◆ Además estuvo medio año en una e___ ___ ___e___a de Nueva York.
4. ● Sí. Hice unas prácticas[3] allí en la sede de un grupo de ___o___ie___a___e___.
5. ◆ Muy bien. Aquí tengo el contrato de empleo. Por favor, léalo con tranquilidad y luego ponga su ___i___ ___a aquí.

[1] trasladar = verlegen
[2] publicidad *f* = Werbung
[3] hacer unas prácticas = ein Praktikum machen

35 gimnasio / Gymnasium

Für den geistigen Work-out: Ergänzen Sie mit dem passenden Wort.

◆ ¿Juana, qué te parece si nos apuntamos[1] al ________________ para un curso de zumba?

● Buena idea. ¿Qué día es?

◆ Los lunes a las cinco de la tarde.

● ¡Qué lástima! Los lunes por la tarde no puedo. Es que los lunes, los profesores de inglés del ________________ tenemos la reunión semanal.

[1] apuntarse = sich anmelden

> **!** Ganz gleich, ob *gimnasio* oder *instituto*, in Spanien bleiben Sie auf jeden Fall fit – im *gimnasio* körperlich, im *instituto* geistig.

36 imponer / imponieren

Ergänzen Sie mit dem passenden Wort.

1. Es muy divertido. Pero lo que me molesta es que siempre intenta ________________ a todos los demás.
2. El mes pasado le ________________ una multa de 120 euros por sobrepasar la velocidad por 40 kph.
3. ¡A mí nunca me ________________ con tu fanfarronería[1]!
4. Los verdes pidieron ________________ una tasa de impuesto[2] más alta sobre la gasolina.

[1] fanfarronería *f* = Imponiergehabe
[2] tasa de impuesto *f* = Steuersatz

37 mantel / Mantel

Übersetzen Sie den Ausdruck in der Klammer.

1. Ayer salí sin (Regenmantel) ____________________ y me mojé hasta los huesos.
2. La sociedad protectora de animales organizó una manifestación[1] contra la producción y la utilización de (Pelzmäntel) ____________________.
3. Mira, (diese Tischdecke) ____________________ me lo regaló mi hija.
4. Tengo otro pinchazo[2] en mi bicicleta. La próxima vez voy a comprar (einen Mantel) ____________________ de marca.

[1] manifestación *f* = Demonstration [2] pinchazo *m* = Platten

38 mapa / Mappe

Wählen Sie aus den angegebenen Wörtern das passende aus.

cartera • carpeta • mapa • maletín

1. ◆ ¿Por qué estás tan nervioso?
   ● ¿Me puedes prestar cien euros? No encuentro mi ______________.
2. ◆ ¿No has olvidado nada? Tienes que salir dentro de media hora.
   ● No, lo tengo todo: el pasaporte, los billetes, el ______________ de Portugal,...
3. ◆ ¿Dónde has archivado[1] las direcciones de nuestras sucursales[2]?
   ● Las encontrarás en la ______________ titulada “sucursales”.
4. ◆ El cuero de tu ______________ ya está muy gastado[3].
   ● Y a pesar de esto, me gusta. Era de mi abuelo.

[1] archivar = ablegen [2] sucursal *f* = Filiale [3] gastado, -a = abgenutzt

! In der Bedeutung „Ordner“ sorgt eine *carpeta* auch im Computer für Ordnung.

39 noticia / Notiz

Kreuzen Sie das Wort an, das in die Lücke passt.

1. ¡No me digas que has tirado mis ________________! ¿Cómo preparo ahora el examen?
   - noticias
   - apuntes
   - observaciones
2. ¿Tenéis ________________ de vuestro hijo?
   - comunicaciones
   - noticias
   - notas
3. ¿Quién toma ________________ hoy durante la reunión?
   - comentarios
   - nota
   - anotaciones
4. Chicos, es mejor que toméis ________________ porque no encontraréis estas reglas en ningún libro de gramática.
   - escrituras
   - anotaciones
   - apuntes
5. Me entero de las últimas ________________ en Internet.
   - novedades
   - notas
   - novelas

40 provisión / Provision

Ergänzen Sie die Sätze mit *comisión* oder *provisión* (im Singular oder Plural).

1. ¿Vas a salir de excursión al Polo Norte o para qué necesitas tantas ________________?
2. Antes Enrique recibía un salario fijo. Ahora trabaja a ________________.
3. Por cada contrato firmado le dan una ________________ de un tres por ciento.
4. Las ardillas enterraron las nueces como ________________ para el invierno.
5. El total de las ________________ que el año pasado pagamos a los representantes es mucho más alto que el año anterior.

41 término / Termin

Ordnen Sie den unterstrichenen Ausdrücken ihre deutsche Bedeutung zu.

a. zu Ende bringen • b. Fachbegriffe • c. am Schluss
d. einen Termin vereinbaren • e. Bedingungen
f. einen Termin haben

1. Antes de empezar otro proyecto deberías llevar a término este.
2. Desde hace algunos días me duele una muela. Voy a pedir cita en el dentista.
3. A las dos de la tarde tengo hora con mi jefa. ¿Me ofrecerá un aumento de sueldo?
4. Este artículo es difícil de leer. Usan muchos términos técnicos.
5. Según los términos del contrato hay que pagar una multa en caso de retraso[1].
6. Hubo una gran fiesta al término del curso.

[1] retraso *m* = Verzug

1.	2.	3.	4.	5.	6.

42 vaso / Vase

Übersetzen Sie.

1. Möchtest du noch ein Glas Wein?

____

2. Die blaue Vase ist zu hoch für die Rosen.

____

3. Könnten Sie mir bitte ein Glas Wasser bringen?

____

4. Plastikbecher sind nicht sehr schön, aber sie zerbrechen nicht[1].

____

[1] romperse = zerbrechen

3.2 Wer die Wahl hat, hat die Qual

Ein Wort im Deutschen – mehrere im Spanischen
Ein Wort im Spanischen – mehrere im Deutschen

Spätestens im Teenageralter werden spanische Kinder zu *hijos* und *hijas* und haben es dann gar nicht mehr so gerne, wenn Eltern von ihnen als *niños* und *niñas* sprechen. Diesen sprachlichen Unterschied gibt es im Deutschen nicht. Wenn Sie also die jugendlichen oder bereits erwachsenen Kinder Ihrer spanischen Freunde auch noch als *niños* bezeichnen, dann liegt das nur daran, dass das deutsche Wort „Kind" im Spanischen mehrere Entsprechungen hat. Aber auch umgekehrt gibt es zahlreiche Fälle mit hohem Missverständnispotenzial. Genau darum geht es hier.

43 besuchen

Wir Deutschen besuchen Freunde, Schulen, Museen ... Im Spanischen sieht man das viel differenzierter. Ergänzen Sie mit der richtigen Form des passenden Verbs.

asistir • consultar • ir • visitar • frecuentar
ir a ver • estar muy frecuentado

1. Cuando estuvimos en Granada, ______________ La Alhambra.
2. ¿Cuántas personas ______________ al curso?
3. Todos los domingos Carmen y Paco ______________ a sus abuelos.
4. No me siento bien. Pienso que tengo que ______________ a un médico.
5. Muchos jóvenes ______________ los bares en el centro.
6. Carlos, ¿a qué clase ______________?
7. Este museo ______________.

44 bringen

Ihre Aufgabe: Bringen Sie zusammen, was zusammengehört.

1. Este vino está muy rico.
2. ¿Qué llevasteis a la fiesta de Teresa y Juan?
3. Tienes la cara muy pálida. ¿No te sientes bien?
4. ¿Cómo llegasteis a la estación ayer?
5. Cuando vengas a Granada

a. Una botella de tinto y un ramo de flores.
b. tráenos mermelada hecha por tu abuela.
c. Nuestro vecino nos llevó. Él también tomó el tren.
d. Tráigame otra copa, por favor.
e. Solo comí algunas de las setas que me trajo mi marido.

1.	2.	3.	4.	5.

! So können Sie es sich leicht merken: *llevar* = von einem Ort zu einem anderen mitnehmen; *traer* = von einem Ort zu einem anderen hinbringen

45 fahren

Bringen Sie die Satzteile in die richtige Reihenfolge und wählen Sie das passende Verb aus dem Schüttelkasten.

atraviesa • conducir • entramos • montar
~~vas~~ • viajasteis

1. al trabajo / en bicicleta ¿*Vas al trabajo en bicicleta* ?
2. año pasado / Adónde / el
   ¿______________________________________?
3. camión / Sabes / un
   ¿______________________________________?
4. por / la ciudad / en / la puerta antigua
   ______________________________________.
5. que / el río / Cada hora / un ferry / hay
   ______________________________________.
6. Nos / mucho / en / gusta / bicicleta
   ______________________________________.

46 Fisch

Ergänzen Sie mit dem passenden Wort.

1. ¿Qué tal tu __________? El mío está riquísimo.
2. Cuando era niño, tenía un acuario con un __________ rojo.
3. A causa de la sobrepesca[1] de los mares y la contaminación[2] del agua, la población de muchas especies de __________ está en peligro.

[1] sobrepesca *f* = Überfischung [2] contaminación *f* = Verschmutzung

> ! Der *pescado* ist tot. Es lebe der *pez*! Und dazu gleich eine passende Redewendung: *está como pez en el agua* (er fühlt sich wie ein Fisch im Wasser).

47 haben

Unterstreichen Sie das richtige Wort.

1. No (he / tengo) la paciencia necesaria para solucionar un sudoku.
2. Cuando (hayas / tengas) terminado los deberes, puedes ver la tele.
3. ¡Qué lástima! Nunca (habéis / tenéis) ganas de salir con nosotros.
4. ¡Por fin (he / tengo) terminada esta tarea tan difícil!
5. Ellos no (han / tienen) nada que ver con este asunto.
6. María lo (ha / tiene) difícil con él. Siempre está de mal humor.

! Hat man Zeit, nimmt man *tener*. Bildet man Zeiten, braucht man *haber*.

48 hören

Ordnen Sie die Begriffe dem richtigen Verb zu. Ein Wort passt zu beiden.

música • el canto de los pájaros • un CD • el ruido de la calle
las noticias • las sirenas de la ambulancia • la orquesta
el ladrido de un perro • un concierto de guitarra • un avión
niños en el parque infantil

escuchar

____

____

____

oír

____

____

____

49 kochen

Ergänzen Sie mit dem passenden Wort.

cocer • cocinar • cocino • guisar • hago • hirviendo
llevas a ebullición • preparan

1. ◆ Mamá, me gusta mucho ______________, pero me falta la práctica.
   ● Hijo mío, ¿qué quieres saber?
2. ◆ Mamá, ¿cómo ______________ una infusión[1]?
3. ● Pues ______________ el agua, dejas reposar[2] las hierbas diez minutos y ya está.
4. ◆ Y ¿cómo se ______________ espaguetis con salsa de tomate?
5. ● Pones los espaguetis en una olla con agua ______________ y los dejas ______________ unos doce minutos. Y para la salsa de tomate, yo siempre uso tomates de lata que dejo ______________ un rato.
6. ◆ Muchas gracias, mamá. ¡Hoy ______________ yo!

[1] infusión *f* = (Kräuter-)Tee [2] dejar reposar = ziehen lassen

! *¿Le gusta cocinar?* Kochen Sie gern? Wie im wirklichen Leben kommt es auch im Spanischen immer darauf an, was man kocht. Na dann: Guten Appetit! – *¡Buen provecho!*

50 können

Können Sie das richtige Wort einsetzen?

1. ¿__________ tocar el piano?	○ puedes	○ sabes
2. Sentimos mucho no __________ bailar salsa.	○ poder	○ saber
3. ¿Quién __________ manejar este robot de cocina[1]?	○ puede	○ sabe
4. Bien, aunque __________ ir en monopatín[2],	○ puedes	○ sabes
aquí no se __________. Está prohibido.	○ puede	○ sabe

[1] robot de cocina *m* = Küchenmaschine [2] monopatín *m* = Skateboard

51 kommen

Übersetzen Sie die Dialoge.

1. ◆ Kommst du zu Pacos Geburtstagsfeier?
   ◆ ____________________
   ● Er hat mich nicht eingeladen. Also komme ich nicht.
   ● ____________________
2. ◆ Hast du den Kundendienst[1] für die Waschmaschine angerufen?
   ◆ ____________________
   ● Nein, ich bin leider noch nicht dazu gekommen.
   ● ____________________
3. ◆ Ist eure Tochter schon aus Berlin zurückgekommen?
   ◆ ____________________
   ● Ich warte auf sie. Der Zug kommt in einer Stunde an.
   ● ____________________
4. ◆ Wie geht es deinem Großvater?
   ◆ ____________________
   ● Nicht so gut. Wir mussten gestern Abend den Arzt kommen lassen.
   ● ____________________
5. ◆ Ich würde jetzt gerne eine Pizza essen, aber unser Backofen[2] ist kaputt.
   ◆ ____________________
   ● Warum lassen wir keine kommen?
   ● ____________________

[1] servicio de asistencia técnica *m* = Kundendienst
[2] horno *m* = Backofen

> ! Grundsätzlich gilt: Du kommst zu mir = *venir;* ich komme zu dir = *ir.* Und dann gibt es im Spanischen noch eine Menge anderer Übersetzungen für „kommen“.

52 lassen

Übersetzen Sie. Verwenden Sie für „lassen" nicht *dejar*.

1. Danke, dass du mich deinen Laptop benutzen lässt.

   ____

2. Sie ließ sich am linken Auge operieren.

   ____

3. Lasst uns jetzt gleich beginnen!

   ____

4. Das Unternehmen ließ eine Kindertagesstätte[1] bauen.

   ____

[1] guardería *f* (infantil) = Kindertagesstätte

53 laufen

Unterstreichen Sie das passende Wort.

Ana es muy deportista, y ...

1. ... todos los años va a Nueva York para correr / pasar el maratón.
2. ... viene / va andando al trabajo.
3. ... hace / cuenta ocho kilómetros a pie por la mañana para llegar a la oficina y por la tarde para volver a casa.
4. ... en invierno, cuando el lago está helado, patina / se mueve sobre hielo.
5. ... aprendió a andar / ir ya a los diez meses.

! Es läuft noch mehr: der Motor *está en marcha*, die Nase *me gotea*, die Sache *marcha bien*. Zum Schluss noch eine Frage: Wie läuft's denn so? – *¿Qué tal?*

54 leicht

Ergänzen Sie jeweils mit dem richtigen spanischen Wort für „leicht" – keine Angst, es ist ganz einfach.

con facilidad • levemente • ligera • fácilmente • ligero • bien

1. No me sorprende que tengas frío con esa ropa ___________ que llevas.
2. Por suerte solo dos personas fueron ___________ heridas en el accidente.
3. ¿Quieres decir que la crema catalana es un postre ___________?
4. Es ___________ posible que aún llegue.
5. Es mejor no molestar a nuestro jefe. Se enfada ___________.
6. Aprende ___________ y sabe calcular muy bien.

55 müssen

Ergänzen Sie das richtige Wort und ordnen Sie die deutschen Sätze ihrer spanischen Übersetzung zu.

1. Morgen muss ich nicht arbeiten.
2. Die Tablette müssen Sie vor dem Frühstück nehmen.
3. Man muss dem Klima zuliebe Energie sparen.
4. Sie müssten schon zurück sein.

a. ___________ ahorrar energía por el clima.
b. ___________ ya estar de vuelta.
c. Mañana no ___________ trabajar.
d. La pastilla la ___________ tomar antes del desayuno.

1.	2.	3.	4.

56 schwer

Die verschiedenen Bedeutungen von „schwer“ im Spanischen richtig wiederzugeben, ist gar nicht so einfach. Ergänzen Sie das passende Wort.

1. Instalar un nuevo software es realmente ____________. Pero si sigues las instrucciones paso por paso lograrás hacerlo.
2. ¿Es verdad que van a cerrar el teatro? No creía que la situación financiera fuera tan ____________.
3. Gracias a los progresos de la medicina, hoy día es posible tratar muchas enfermedades ____________.
4. ¿Cuánto dices que pesa tu equipaje? ¿Veinte kilos? Con tus problemas de espalda no deberías llevar una maleta tan ____________.

> **!** Was schwer ist, kann auch lästig sein: *Los mosquitos, ¡qué pesados están este verano!* (Die Mücken sind in diesem Sommer wirklich lästig!)

57 sehen

Ergänzen Sie die richtige Form von *mirar* oder *ver*.

1. Mi tío ahora __________ tan mal que ya no puede __________ fotos.
2. Me gusta mucho __________ por la ventana cuando llueve.
3. ¿Has __________ la última película de Almodóvar?
4. ¡Esto es fantástico! Si no lo __________, no lo creo.

58 spielen

Ergänzen Sie mit dem richtigen Verb.

1. Todos los domingos ____________ al tenis.
   - jugamos
   - tocamos
2. ¿No os da pena no ____________ ningún instrumento?
   - jugar
   - tocar
3. Conozco a la actriz que ____________ el papel de protagonista en *La casa de Bernarda Alba* de Federico García Lorca.
   - interpreta
   - actúa
4. ¿Y conoces también a los otros actores que ____________ en esta obra?
   - actúan
   - juegan
5. Como no llevaron juguetes a la playa, ____________ con las conchas que había allí.
   - jugaron
   - tocaron
6. Recuerdo con nostalgia el año en que ____________ en la orquesta sinfónica.
   - jugué
   - toqué
7. ¿Qué película ____________ esta noche?
   - toca
   - dan
8. La música es su gran afición. Sabe ____________ el violín sin partitura[1].
   - jugar
   - tocar
9. ¡No te ____________ el inocente!
   - hagas
   - actúes

[1] partitura *f* = Noten

> **!** Der stolze Besitzer einer Stradivari wäre schockiert, wenn Sie *tocar* und *jugar* verwechseln und so aus seinem Instrument ein Spielzeug machen.

59 Spiel

Ein Kinderspiel für Sie – oder? Ergänzen Sie mit dem passenden Wort.

1. Ganó también esta ____________ de ajedrez, igual que las dos anteriores.
2. Aunque es un ____________ para niños, a veces lo juega la gente mayor.
3. Claro que te ayudo a lavar los platos, pero solo cuando el ____________ de fútbol haya terminado.
4. ¿Sabes si el boxeo es un deporte de los ____________ Olímpicos?

60 Tasche

***Bolsa*, *bolso* oder *bolsillo?* Ergänzen Sie mit der richtigen „Tasche" im Singular oder Plural.**

1. Tu __________ es muy grande, ideal para hacer la compra del fin de semana.
2. Prefiere los libros de __________. Son más baratos.
3. Nunca llevo __________ cuando salgo, así que no me lo pueden robar.
4. Esta chaqueta no es muy práctica. No hay __________.
5. Cuando me duele el estómago, uso una __________ de agua caliente.
6. ¿ __________ de plástico? No, gracias, no para mí.
7. ¿Es verdad que la empresa donde trabajas va a salir a __________?

61 werden

Welche Aussagen haben diese Reaktionen ausgelöst? Ordnen Sie den unten stehenden Aussagen die passende Reaktion zu.

a. ¿Y por qué quiere hacerse piloto?

b. Claro, hasta que no se haya convertido en vinagre.

c. No me extraña que esté enferma otra vez.

d. Y por eso en agosto no viajaremos allí nunca jamás.

e. Es realmente para volverse loco.

f. Es que quiere ser veterinaria.

g. Sí, y ahora se ha quedado sordo[1].

1. Nunca lleva jersey en invierno.
2. No paso ningún examen.
3. ¿Sabías que tiene miedo a volar?
4. Nunca llevaba orejeras[2] durante el trabajo.
5. ¿De verdad quieres beber este vino blanco? Ya tiene diez años.
6. Pasa hasta el último minuto en el refugio de animales[3].
7. Estuvimos en Málaga en agosto. El calor era terrible.

1.	2.	3.	4.	5.	6.	7.

[1] sordo, -a = taub
[2] orejera *f* = Ohrenschützer
[3] refugio de animales *m* = Tierheim

62 cocina

Geben Sie jeweils die deutsche Übersetzung von *cocina* an.

1. Pregunta a mamá, está en la cocina. ____________
2. Se dice que la cocina mediterránea es muy sana para la salud. ____________
3. En una cocina de inducción se necesitan ollas especiales. ____________
4. Esta cocina tiene un horno con ventilador[1]. ____________
5. En esta cocina hay de todo: microondas, lavavajillas, cafetera,... ____________

[1] con ventilador *m* = Umluft-

63 cuarto

Übersetzen Sie.

1. Es ist jetzt Viertel nach drei, in einer Viertelstunde muss ich gehen.

   ____
2. Das Badezimmer ist nicht sehr groß, hat aber nicht nur eine Dusche, sondern auch eine Badewanne.

   ____
3. Das Restaurant befindet sich im vierten Stock.

   ____
4. Super! Unsere Nationalmannschaft[1] hat das Viertelfinale erreicht!

   ____
5. Sie haben schon ein Viertel des Weges zurückgelegt[2].

   ____
6. Brauchst du für die Nachspeise wirklich ein Viertel Kilo Zucker?

   ____

[1] selección (nacional) *f* = Nationalmannschaft
[2] recorrer = zurücklegen

64 dejar

Welche deutsche Bedeutung von „lassen" entspricht dem spanischen Verb *dejar*?

belassen • hinterlassen • überlassen • übrig lassen
unterlassen • verlassen • zulassen • zurücklassen

1. Conduce de una manera muy arriesgada. ¡Yo nunca le dejaría mi coche!
2. Dejé mis gafas en casa. ¿Me puedes leer el menú?
3. ¿Cuándo dejarás de fumar? Es tan dañoso para la salud.
4. Parecían una pareja ideal y no se puede entender que él la dejara.
5. Sus vecinos no le dejan tocar la tuba después de las ocho de la noche.
6. Déjalo todo como está. No cambies nada.
7. Mira, te hemos dejado un trozo de tortilla.
8. Cuando se murió, dejó a sus hijos un montón de deudas.

65 esposa

Ordnen Sie zu.

1. El próximo mes celebran las bodas de oro,
2. Para Juan las mujeres son como esposas.
3. ¿Están invitadas también las esposas?
4. Después de detenerlo[3]

a. Te roban la libertad y hacen una cárcel[1] de tu casa.
b. la policía le puso esposas al delincuente.
c. y Carlos mima[2] a su esposa como el primer día.
d. Sí. Quien quiera puede venir con la suya.

1.	2.	3.	4.

[1] cárcel *f* = Gefängnis
[2] mimar = verwöhnen
[3] detener = festnehmen

66 estación

Übersetzen Sie den Ausdruck in der Klammer.

1. Hay cuatro __________ (Jahreszeiten), que se llaman primavera, verano, otoño e invierno.
2. Es sorprendente que __________ (die U-Bahn-Stationen) de Madrid estén tan limpias a pesar de las multitudes que pasan por allí todos los días.
3. ¿Sabe si hay __________ (eine Tankstelle) por aquí? Tengo que controlar la presión de los neumáticos y cambiar el aceite urgentemente.
4. No me puedo creer[1] que un día construyan __________ (eine Raumstation) en Marte[2].

[1] poder creerse = sich vorstellen können
[2] Marte *m* = Mars

> ! Eine andere *estación* haben Sie vielleicht in Ihrer Firma: *la estación de trabajo*, das ist die „Workstation" eines Computers.

67 hoja

Welche Bedeutungen hat *hoja* auf Deutsch? Übersetzen Sie.

1. ¡Cuidado con el cuchillo! La hoja está muy afilada[1]. __________
2. Lo que me gusta del otoño son las hojas secas en las aceras[2]. __________
3. ¿Cómo se llama la planta de las hojas verdes con rayas blancas? __________
4. ¿Has visto la hoja de asistencia[3] de la clase? __________
5. He olvidado mi cuaderno. ¿Me puedes dar una hoja del tuyo? __________

[1] afilado, -a = scharf
[2] acera *f* = Gehsteig
[3] asistencia *f* = Anwesenheit

68 plato

Ersetzen Sie *platos* durch ein anderes Wort. Sie erhalten es, indem Sie die Buchstaben in Klammern in die richtige Reihenfolge bringen.

1. ◆ ¿Qué platos (m i o c d a) ________________ ofrecieron en el restaurante del hotel?
   ● Había de todo: paella de España, feijoada de Brasil, pescado y patatas fritas de Inglaterra, ...
2. ◆ ¿Servimos el gazpacho en estos platos hondos[1] (c o s u e n c) ________________?
   ● Sí, son muy bonitos.
3. ◆ Gracias por ayudarme a lavar los platos (la j i v a l l a) ________________.
   ● De nada. ¿Puedo hacer otra cosa por ti?
4. ◆ ¿Cuál es el plato (e n ú m) ________________ del día?
   ● Pescado con piña, uvas y melón.

[1] plato hondo *m* = tiefer Teller

4. Wendungen

4.1 **Gute Nachbarn**
Wörter, die zusammenpassen

4.2 **So viele Bilder im Kopf**
Bildliche Redewendungen

4.3 **Wie sagt man noch mal ...?**
Wo Spanischsprachige anders ticken

4.1 Gute Nachbarn

Wörter, die zusammenpassen

Haben Sie schon einmal gehört, dass man „eine Entscheidung nimmt"? Richtig: Haben Sie nicht! Und warum nicht? Weil diese zwei Wörter nicht zusammenpassen – Sprachwissenschaftler sagen, sie bilden keine „Kollokation". Wir sagen: Man muss darauf achten, welche spanischen Wörter untereinander eine gute Nachbarschaft pflegen.

69 ¿Cómo estás?

Zuerst zu den unmittelbaren Bedürfnissen. Ergänzen Sie die spanischen Entsprechungen der folgenden Ausdrücke.

1. Mir ist kalt! ¡_______ frío!
2. Mir ist warm! ¡_______ calor!
3. Ich bin hungrig! ¡_______ hambre!
4. Ich bin durstig! ¡_______ sed!
5. Mir ist schwindelig! ¡_______ mareado!
6. Mir ist übel! ¡Me _______ mal!

70 Oye, ¡me haces cosquillas[1]!

Wo deutsche Wendungen differenzieren, reicht im Spanischen oft ein einziges Verb: *hacer*. Denken Sie daran, wenn Sie die folgenden Sätze ins Spanische übersetzen.

1. Darf ich Ihnen eine Frage stellen?

   ____

2. Diese Kaffeemaschine nutzt mir wenig.

   ____

3. Hast du schon die Koffer gepackt?

   ____

4. Sonntags gehe ich joggen.

   ____

5. Es wird langsam Nacht.

   ____

[1] hacerle a alguien cosquillas = jmdn. kitzeln

71 En la cocina

Was passt zusammen? Verbinden Sie jeweils einen Begriff aus jeder Spalte miteinander.

1. una rebanada	a. de jamón
2. una loncha	b. de pan
3. una tableta	c. de melón
4. un grano	d. de perejil
5. un racimo	e. de chorizo
6. un terrón	f. de arroz
7. una rodaja	g. de queso
8. una lonja	h. de azúcar
9. una raja	i. de chocolate
10. un manojo	j. de uvas

72 Te toca

Welches Verb passt zu welchem Substantiv? Verbinden Sie.

1. tocar
2. jugar
3. ir
4. hacer
5. dar
6. montar

a. de compras
b. una llamada
c. a caballo
d. la guitarra
e. un paseo
f. al fútbol

1.	2.	3.	4.	5.	6.

73 ¡Que lo pases bien![1]

Tragen Sie in den Reaktionen die fehlenden Vokale ein.

1. ◆ Vamos a Lanzarote para dos semanas.
   ● ¡B___ ___n___s v___c___c___ ___n___s!
2. ◆ Me voy. El tren sale a las tres.
   ● ¡B___ ___n v___ ___j___!
3. ◆ Me siento fatal. Me duele todo: la cabeza, la garganta...
   ● ¡Qu___ t___ m___j___r___s!
4. ◆ Esta noche salgo con una vieja amiga.
   ● ¡Qu___ t___ d___v___ ___rt___s!
5. ◆ Mañana me saco el carné de conducir[2].
   ● ¡M___ch___ s___ ___rt___!

[1] ¡Que lo pases bien! = Viel Spaß!
[2] sacarse el carné de conducir = die Führerscheinprüfung machen

74 Frecuencia

Wie oft lernen Sie Vokabeln? Tragen Sie die Wendungen in die richtige Spalte ein.

de vez en cuando • a menudo • a veces • muchas veces
pocas veces • apenas • casi nunca • frecuentemente
una que otra vez • día sí, día también
jamás de los jamases • raramente

häufig	selten	fast nie / nie

75 Cada cosa a su tiempo

Ordnen Sie zu.

1. in letzter Zeit
2. in nächster Zeit
3. vor langer Zeit
4. für einige Zeit
5. im Laufe der Zeit
6. zu jeder Zeit
7. zur rechten Zeit
8. in jener Zeit

a. a tiempo
b. con el tiempo
c. por algún tiempo
d. próximamente
e. en aquella época
f. últimamente
g. hace mucho tiempo
h. en todo momento

1.	2.	3.	4.	5.	6.	7.	8.

76 Opiniones

Ihre Meinung zählt! Äußern Sie sie in korrektem Spanisch, indem Sie die richtige Alternative auswählen und unterstreichen.

Permíteme (expresar / explicar) mi opinión sobre este tema. Desde mi (punto de vista / punto de encuentro), hay que mejorar mucho. (Por ejemplo / Por supuesto), es necesario organizar mejor las cosas. Además, estoy (cierto / seguro) de que es posible. Sin (duda / dura) somos un buen equipo y vamos a conseguir nuestros (objetos / objetivos).

77 Al teléfono

Ergänzen Sie den Dialog mit den fehlenden Wörtern. Sie finden sie in der „Telefonschnur" aus Buchstaben.

coedlaestáefonataaporprebodejaruqislonponerseerecansimusbaliarparteetollefecodee

- ¿Dígame?
- Hola, ¿__________ Marcos?
- Sí. ¿De __________ de quién?
- __________ su amiga Asunción.
- Disculpe, ahora no puede __________ al teléfono.
- ¿Le puedo __________ un recado[1]?
- Sí, __________ supuesto.

[1] recado *m* = Nachricht

78 ¿Qué tiempo hace?

In der richtigen Reihenfolge verraten Ihnen die Buchstaben in Klammern, wie das Wetter morgen wird. Unterstreichen Sie auch das passende Verb.

Sigue ahora la previsión del tiempo[1] para mañana, martes día 13 de marzo.

1. En general nos espera un día con (n e b u) ____________ tiempo.
2. (Hace / Hay) (l s o) ____________ y (c o l a r) ____________ en Andalucía, con temperaturas de unos 30 (o s r a d g) ____________.
3. En el centro del país todavía (hace / hay) (f o r í) ____________, con d a h e l a ____________ nocturna. Cuidado en las carreteras: es posible que (haga / haya) (b l a e n i) ____________.
4. En la costa del norte estará (b l a o d n u) ____________, (hará / habrá) mucho (v i t o n e) ____________ y a veces (v e l l r á o) ____________, con (b a s c h u c o s) ____________ fuertes y (m e n t a t o r s) ____________.
5. Buenas noticias para los esquiadores: Todavía (hace / hay) mucha (i e v n e) ____________ en las montañas y (n á e v a r) ____________ más durante el día.

[1] previsión del tiempo *f* = Wettervorhersage

79 Sigo estudiando y vuelvo a repasar

Ergänzen Sie die Sätze mit dem jeweils passenden Verb.

vuelvo • acabo • sigo • pongo • sueles • vas

1. Yo empecé a hacer deporte hace tiempo y ____________ practicando todos los días.
2. ¿Tú ____________ a ir hoy a cenar a la tasca?
3. Yo ____________ de ver una película ahora mismo.
4. A partir de ahora, yo no ____________ a ver cine de terror nunca más.
5. Ahora me ____________ a estudiar, mamá, en seguida.
6. ¿Qué día ____________ ir a nadar? Si es entre semana, voy contigo.

80 ¿Qué dices?

Ergänzen Sie die Sätze mit der passenden Wendung.

es decir • como quien dice • ya es decir
¡Quién lo diría! • quiero decir

1. Pilar lo organiza siempre todo: es la jefa, ____________________
2. Pedro tiene exámenes, pero lleva todo el día en la playa, que ____________________
3. Ya estoy de vacaciones: ____________________, tengo todo el tiempo del mundo.
4. ¿Seguro que has engordado? ____________________
5. Ya estoy cansada, ____________________, casada.

81 Dame más

Übersetzen Sie die folgenden Sätze und verwenden Sie dabei das Verb *dar*.

1. Kannst du mir einen Rat geben?
   ____.
2. ¡Du hast mir aber einen Schreck eingejagt!
   ____.
3. Ich bedanke mich für Ihre Freundlichkeit.
   ____.
4. Im Kino läuft ein sehr guter Film.
   ____.
5. Wollen wir spazieren gehen?
   ____.

82 Compuestos

Zusammengesetzte Wörter sind typisch für die deutsche Sprache, man denke an den berühmten „Donaudampfschifffahrtskapitän". Doch auch für kürzere zusammengesetzte Begriffe braucht man im Spanischen schon mehrere Wörter. Kreuzen Sie die richtige Zusammensetzung an.

1. Hausarzt — el médico ________
   - ○ de familia
   - ○ de casa
   - ○ de apartamento
2. Wohnzimmer — la sala ________
   - ○ de vivir
   - ○ de ser
   - ○ de estar
3. Lokalpresse — la prensa ________
   - ○ local
   - ○ del local
   - ○ loca
4. Ratenzahlung — el pago ________
   - ○ a ratos
   - ○ a plazos
   - ○ a veces
5. Telefonbuch — el ________ telefónico
   - ○ registro
   - ○ libro
   - ○ listín
6. Landhaus — la casa ________
   - ○ campal
   - ○ de campo
   - ○ en el campo
7. Stadtplan — el ________ de la ciudad
   - ○ plan
   - ○ mapa
   - ○ libro
8. Krankenversicherung — el seguro ________
   - ○ de la salud
   - ○ médico
   - ○ enfermo

83 Una siesta imprevista

Bilden Sie Sätze, indem Sie die Wortgruppen in die richtige Reihenfolge bringen.

1. Jaime / baño / de / sale / del / cuarto

   ______________________________.

2. Se pone / punto / a / para / salir / trabajo / al

   ______________________________.

3. Hoy / tiene / una reunión / asistir / a / que

   ______________________________.

4. Se / cansado / duele / la cabeza / siente / y / le

   ______________________________.

5. cancelar / puede / Quiere / la cita, / pero / no

   ______________________________.

6. toma / Se / un agua / gas / sin / marcha / de casa / se / y

   ______________________________.

7. la oficina / va / Se / echa / la siesta / se / allí / a / y

   ______________________________.

4.2 So viele Bilder im Kopf

Bildliche Redewendungen

Hat Ihnen mal ein Spanier gesagt, Sie hätten keine Haare auf der Zunge? Eine merkwürdige Feststellung, wenn man sie wörtlich nimmt. Aber bildlich gesprochen bedeutet diese Wendung, dass Sie kein Blatt vor den Mund nehmen und deutlich Ihre Meinung sagen. Damit Sie auch auf Spanisch Klartext reden können, geht es in diesem Kapitel um bildliche Sprache.

84 De la cabeza a los pies

Körperteile von Kopf bis Fuß bieten sich für sprachliche Bilder an. Ergänzen Sie die Lücken mit der passenden Wendung.

no tiene pelos en la lengua • no tiene un pelo de tonto
ojo • pillarán con las manos en la masa • soy todo oídos
no va a mover ni un dedo • sello mis labios
me pones los dientes largos

1. Joaquín ______________________ para ayudarte: no piensa hacer nada de nada.
2. Marta ______________________: dice lo que piensa, claramente.
3. Raúl ______________________: no ha estudiado nada, pero seguro que aprobará el examen.
4. Cuéntame novedades: ¡______________________!
5. ¡______________________! ¡Que se acerca un coche!
6. Si sigues haciendo trampas[1], algún día te ______________________.
7. Qué envidia me das: ______________________
8. ______________________ para guardar tu secreto.

[1] hacer trampas = schummeln

85 ¡Me lo saco de la manga![1]

Wir sind uns sicher: auch hier schütteln Sie die Lösung aus dem Ärmel! Finden Sie jeweils das passende Kleidungsstück.

1. die Hosen anhaben
   llevar los ______________
   - calcetines
   - zapatos
   - pantalones

2. vor jmdm. den Hut ziehen
   quitarse el ______________
   - abrigo
   - jersey
   - sombrero

3. überglücklich sein
   estar como ______________
   - un vestido de flores
   - un abrigo de colores
   - un niño con zapatos nuevos

4. sein Mäntelchen nach dem Wind hängen
   cambiar de ______________
   - falda
   - camisa
   - ropa

5. jmdm. auf den Fersen sein
   pisarle a alguien los ______________
   - zapatos
   - talones[2]
   - pantalones

6. jmdm. wie angegossen passen
   irle algo a alguien como un ______________
   - guante
   - bañador
   - jersey

[1] sacarse algo de la manga = etwas aus dem Ärmel schütteln
[2] talón *m* = Ferse

86 Me caí y vi las estrellas

Sehen Sie vor lauter neuen Wendungen schon Sternchen? Geheimnisvoll wie die Natur ist, liefert sie viele bildliche Wendungen. Verbinden Sie je einen Begriff aus jeder Spalte und ergänzen Sie dann die Sätze mit der passenden Wendung in der richtigen Form.

1. pregonar[1]
2. trabajar
3. hacer
4. llover
5. estar
6. jugar

a. de sol a sol
b. más claro que el agua
c. a cántaros
d. a los cuatro vientos
e. con fuego
f. una montaña de un grano de arena

[1] pregonar = ausposaunen

1.	2.	3.	4.	5.	6.

1. Oye, eso es muy peligroso. Estás ______________________.
2. Juan ______________________ y, sin embargo, no gana mucho.
3. Está ______________________. ¡Qué diluvio[1]!
4. María va todo el día ______________________ que se va a casar.
5. Por supuesto que vamos todos juntos: ______________________.
6. Sebastián ______________________: ¡no es tan difícil!

[1] diluvio *m* = Sintflut

87 Un ratón de biblioteca

Im Deutschen tut es die Ratte (*la rata*), im Spanischen die Maus (*el ratón*), nämlich lesen! Ergänzen Sie die Sätze mit dem richtigen Tier.

1. No conozco a nadie que se pelee tanto como Paco y Miguel. Son como (el perro y el gato / el león y el tigre) ________________.
2. He comido poco y ahora tengo un hambre de (oso / lobo) ________________.
3. ¡Coge (el toro / la vaca) ________________ por los cuernos y hazlo!
4. Cuando ve películas de terror, se le pone la piel de (ganso / gallina) ________________.
5. Ya tengo (la mosca / el mosquito) ________________ detrás de la oreja, después de escuchar tantos rumores.
6. ¡No te preocupes por los caprichos[1] de tu hijo! Está en la edad (de la gallina / del pavo) ________________.
7. En nuestra casita de la montaña me siento muy bien, estoy como (pez / cocodrilo) ________________ en el agua.

[1] capricho *m* = Laune

88 De hombres y animales

Was typisch ist für ein Tier, überträgt man auch gerne auf den Menschen. Verbinden Sie.

1. más lento	a. que un galgo[1]
2. más veloz[2]	b. que un perro verde
3. más listo	c. que una tortuga
4. más fuerte	d. que un toro
5. más raro	e. que un zorro

[1] galgo *m* = Windhund [2] veloz = schnell

1.	2.	3.	4.	5.

89 ¡Hasta en la sopa!

Wenn Sie etwas oder jemandem häufiger begegnen als Ihnen lieb ist, dann sagen Sie: *¡lo encuentro hasta en la sopa!* Ja, sogar in der Suppe! In der Küche wird stundenlang gekocht und dabei viel geratscht. Kein Wunder, dass dort die kühnsten Wendungen entstehen!

uvas • uvas • peras • lechuga • bacalao • pucheros[1]
sartén • guinda[2]

Juani, chica, ¡hay que ver! Luis es más fresco que una ______________. Nunca viene por aquí a verme, tan solo pasa alguna vez de ______________ a ______________ y entonces pretende vivir a cuerpo de rey. Ah, pero eso sí, yo soy quien tiene la ______________ por el mango en esta casa, yo decido y solo yo. No vaya a pensarse el joven que es él quien corta el ______________. ¡Pues no! Yo quiero mucho a mi hijo, pero si tengo que esperar a que tenga un detalle conmigo, ¡nos pueden dar las ______________! El otro día vino sin avisar y se puso a hacer ______________. ¡Eso ya fue la ______________!

[1] puchero *m* = Eintopf
[2] guinda *f* = Sauerkirsche

90 En el coche de San Fernando[1]

Wie man wohin kommt, kann manchmal abenteuerlich sein, und so entsteht daraus manche Wendung und Lebensweisheit. Bringen Sie die Buchstaben in die richtige Reihenfolge, um die Wendungen zu ergänzen.

1. María pasó por carros y (c rr t a e s a) ________________ para poder solucionar todos sus trámites.
2. Creo que te han vendido la (o t m o) ________________ : no es cierto que la entrada sea gratis.
3. Llevas un (r t e n) ________________ de vida imparable. Ya es hora de que te tomes unas vacaciones.
4. Este problema es mi (ll o c a a b) ________________ de batalla: no encuentro ninguna solución.
5. ¿Que cómo vamos a casa? Pues en el (c ch o e) ________________ de San Fernando: un rato a (p e i) ________________ y otro (d a n d o a n) ________________.

[1] en el coche de San Fernando = auf Schusters Rappen, per pedes

91 Letra de médico

Hat sich mal jemand beschwert, dass er Ihre Handschrift nicht lesen kann? Dann haben Sie eine Arztschrift, *una letra de médico*. Welchen Beruf verbinden Sie mit den folgenden Eigenschaften?

1. verrückte Ideen haben	tener ideas de ________________	bombero
		pintor
2. wie ein Schlot rauchen	fumar como un ________________	artista
		carretero
3. sehr laut sprechen	hablar como una ________________	pescadera
		verdulera
4. nicht ernst nehmen	tomar por el pito del ________________	guardia
		sereno

92 Por deporte

Was Sie *por deporte* tun, sehen Sie ganz sportlich, denn es macht Ihnen Spaß. Und auch im Alltag haben sportliche Wendungen ihren festen Platz. Verbinden Sie Ausdruck und Bedeutung miteinander.

1. meterle un gol a alguien
2. tirarse a la piscina
3. tener el viento a favor
4. dar en el blanco
5. tirar la toalla
6. un maratón
7. una carrera contra reloj

a. acertar completamente
b. una actividad muy larga
c. un plazo muy corto de tiempo
d. engañar a alguien
e. atreverse[1] a hacer algo
f. rendirse[2]
g. tener suerte

1.	2.	3.	4.	5.	6.	7.

[1] atreverse = sich trauen
[2] rendirse = sich geschlagen geben

93 ¡Déjese de comedias!

Machen Sie kein Theater! Bringen Sie lieber die Wörter in die richtige Reihenfolge.

1. Sé que / eres como / enfadada / un libro / estás / porque / abierto

   ______________________________.

2. pasado / me lo he / película / Hoy / de

   ______________________________.

3. más / son / cuentos / No / que

   ______________________________.

4. Esto / es extraoficial: / bastidores[1] / enterado / me he / entre

   ______________________________.

[1] bastidor *m* = Kulisse

94 Esto hay que celebrarlo

Das Leben ist ein Fest und Redewendungen sind wie bunte Knallbonbons: immer für eine Überraschung gut. Wählen Sie jeweils die richtige Option.

fiesta • banquete • copas • flamenca • gaita[1] • gala

1. Por favor, dejad de discutir ya. Tengamos la ______________ en paz.
2. Hoy no me encuentro nada bien: no estoy muy ______________.
3. Ignacio hizo ______________ de muy buena educación y cedió su asiento con gusto.
4. Ayer nos dimos un ______________ de marisco en el chiringuito de la playa.
5. ¿Nos vamos el sábado de ______________? Hay muchos bares nuevos.
6. Es una ______________ tener que esperar tanto tiempo. Se me está acabando la paciencia.

[1] gaita *f* = Dudelsack

95 Ver el mundo de color de rosa

Sehen Sie alles rosarot oder eher schwarz? Unterstreichen Sie jeweils die richtige Farbe.

1. Pobre Consuelo, la están criticando mucho. No me gusta que la pongan (verde / marrón).
2. Ay, no me digas que estoy guapa, que me pongo (rosa / roja).
3. Si te digo la verdad, tú no eres mi príncipe (azul / lila).
4. He olvidado todo lo que he aprendido: me he quedado en (blanco / negro).
5. ¿Dónde has leído esa tontería? Seguro que en la prensa (amarilla / naranja).
6. He preparado una cena riquísima y nos vamos a poner (negros / morados).

96 La familia

Ach, die liebe Familie. Natürlich tragen alle Verwandten zu zahlreichen Wendungen bei. Ergänzen Sie jeweils mit dem passenden Familienmitglied.

1. darse la gran vida	darse la vida ______	padre / madre / hijo
2. ser muchos	ser ciento y la ______	abuela / madre / hija
3. es muy engreído[1]	no tiene ______	padre / madre / abuela
4. cualquiera	todo ______ de vecino	hijo / primo / hermano
5. es imposible	no hay tu ______	prima / tía / suegra
6. tiene conexiones	tiene buenos ______	hermanos / padres / padrinos[2]

[1] engreído = eingebildet
[2] padrino *m* = Pate

4.3 Wie sagt man noch mal ...?

Wo Spanischsprachige anders ticken

Wissen Sie, wozu ein Grashüpfer fähig ist? Zu sehr viel! Während er im Deutschen nur über Gras hüpft, springt er auf Spanisch über Berge, so wie es sein Name – *saltamontes* – schon andeutet. Um solche und andere sprachliche Unterschiede geht es hier.

97 Un saltamontes

Verbinden Sie das spanische Wort mit seiner deutschen Entsprechung.

1. un saltamontes	a. eine Babysitterin
2. un perro salchicha	b. ein Grashüpfer
3. un rascacielos	c. ein Dackel
4. un matasuegras	d. ein Klatschmaul
5. una canguro	e. eine Tröte
6. un correveidile	f. ein Wolkenkratzer
7. unas palomitas	g. eine Ohrfeige
8. una torta	h. Popcorn

1.	2.	3.	4.	5.	6.	7.	8.

98 Otros países, otras costumbres[1]

Was verbindet man gemeinhin mit anderen Ländern? Kreuzen Sie die richtige Nationalität an, damit die spanische Wendung der deutschen entspricht.

1. Das kommt mir Spanisch vor.
   Me suena a ______________
   - alemán.
   - chino.
   - ruso.

2. Er stellt sich taub.
   Se hace el ______________
   - holandés.
   - suizo.
   - sueco.

3. Sie hat sich auf Französisch verabschiedet.
   Se despidió ______________
   - a la italiana.
   - a la portuguesa.
   - a la francesa.

4. Sie sind immer überpünktlich.
   Llegan siempre con puntualidad ______________
   - alemana.
   - británica.
   - noruega.

5. Fährst du gern Achterbahn?
   ¿Te gusta la montaña ______________
   - rusa?
   - japonesa?
   - americana?

[1] otros países, otras costumbres = andere Länder, andere Sitten

99 Otra cosa

Was passt zusammen? Verbinden Sie die spanischen mit den deutschen Wendungen.

1. el otro día
2. otro día
3. otra cosa
4. otra persona
5. otra vez

a. noch etwas
b. nochmal
c. jemand anderes
d. neulich
e. an einem anderen Tag

1.	2.	3.	4.	5.

100 Se vende piso

Bilden Sie Sätze, indem Sie die Wörter in die richtige Reihenfolge bringen.

1. habitación / alquila / Se

   ______________________________.

2. arreglos / hacen / Se

   ______________________________.

3. Uno / sabe / nunca / a / encontrar / quién / va / se / a

   ______________________________.

4. llover / a / Dicen / va / que

   ______________________________.

5. que / estudiar / mucho / Hay / para / examen / el / aprobar

   ______________________________.

! Im Deutschen braucht man nichts weiter als „man“, das Spanische bietet mehrere Möglichkeiten – für den Fall, dass Sie Variationen lieben.

101 ¿Qué hora es?

Beantworten Sie die Fragen. Welche Uhrzeiten kann man unterschiedlich ausdrücken?

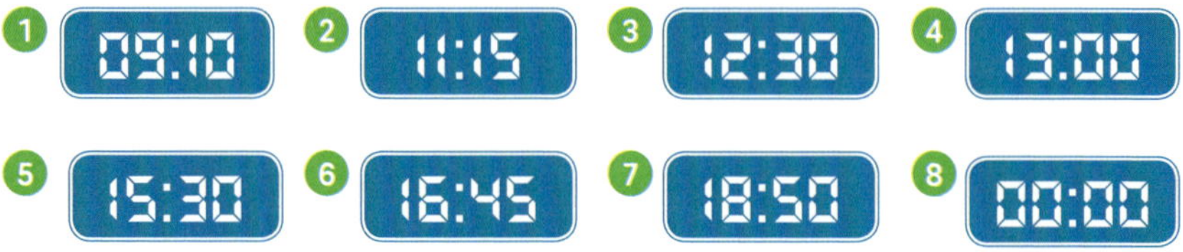

¿Qué hora es?

1. ______________________________
2. ______________________________
3. ______________________________
4. ______________________________

¿A qué hora?

5. ______________________________
6. ______________________________
7. ______________________________
8. ______________________________

102 Preguntas

Fragen über Fragen! Ergänzen Sie mit den passenden Fragewörtern.

cómo • cuál • para qué • por qué • cuántas veces • qué

1. Woher wissen Sie das? ¿__________ lo sabe?
2. Wie meinst du das? ¿__________ quieres decir?
3. Wie ist Ihre Adresse? ¿__________ es su dirección?
4. Wie oft verreist ihr im Jahr? ¿__________ viajáis al año?
5. Weshalb der ganze Aufwand? ¿__________ tanto esfuerzo?
6. Wofür brauchst du die Schere? ¿__________ necesitas las tijeras?

! Sie sehen: Nicht immer können Fragewörter direkt übersetzt werden. Für bestimmte Fragen hat das Spanische eigene Wendungen parat.

103 Reacciones

Können Sie schnell reagieren? Manchmal ist das lebenswichtig! Unterstreichen Sie jeweils den passenden Ausdruck.

- (¡Ay! / ¡Uy!) ¡Qué daño me he hecho[1]!
- (¡Vaya! / ¡Venga!) ¿Qué te ha pasado?
- (Pues / Porque) que me he caído y me he dado un buen golpe[2].
- (Bien / Bueno), ¿y te duele mucho?
- Sí, y mira que caminaba despacio, (¿eh? / ¡bah!)
- (Ojalá / Tal vez) te mejores pronto.
- Muchas gracias. (¡Ah! / ¡Uf!) Eso espero.

[1] hacerse daño = sich weh tun
[2] golpe *m* = Stoß

104 ¡No me digas![1]

Reaktionen des Gesprächspartners machen eine Unterhaltung lebendig. Aber wissen Sie, mit welcher Wendung Sie auf Spanisch entsprechend reagieren können? Suchen Sie für jeden Satz passende Reaktionen.

b. ¡Ya era hora!

a. ¡Qué suerte!

c. ¡Qué maravilla!

e. ¡Menos mal!

d. ¡Qué mala suerte!

f. ¡Qué desastre!

g. ¡Vaya por Dios!

1. Anoche robaron en casa de los vecinos por segunda vez.
2. Haciendo parapente se rompió las dos piernas.
3. Dicen que más de 200 hectáreas de bosque fueron destruidas por el incendio.
4. ¿Ya te he dicho que me ha tocado la lotería?
5. Después de tres años viajando por el mundo, Enrique empezará a trabajar el mes que viene.
6. Mi hija va a ser mamá de gemelos.
7. Ninguno de los pasajeros fue herido ayer en la colisión de dos tranvías.

[1] ¡No me digas! = Was du nicht sagst!

1.	2.	3.	4.	5.	6.	7.

105 Si quieres, puedes

Was können Sie denn alles schon? Vervollständigen Sie die spanischen Sätze und ordnen Sie sie ihren deutschen Entsprechungen zu.

puedo • sabes • conozco • sé • conoces
sabe • puedo • puedes

1. ___________ bien este tema.

2. ¿___________ venir hoy?

3. ¿___________ a Maite?

4. ¡Vaya, no ___________ qué decir!

5. ¿___________ nadar?

6. Hoy no ___________ venir, lo siento.

7. ¿___________ usted español?

8. ¿___________ hacer una pregunta?

a. Kannst du schwimmen?
b. Mit diesem Thema kenne ich mich aus.
c. Heute kann ich leider nicht kommen.
d. Ich weiß nicht, was ich sagen soll!
e. Kennst du Maite?
f. Kannst du heute vorbeikommen?
g. Können Sie Spanisch?
h. Darf ich etwas fragen?

1.	2.	3.	4.	5.	6.	7.	8.

106 A gusto

Was mögen Sie gern? Übersetzen Sie ins Spanische.

1. Ich mag dich sehr.

   ______________________________.

2. Gehst du gern spazieren?

   ______________________________.

3. Diese Suppe schmeckt mir nicht.

   ______________________________.

4. Ich liebe diese Stadt!

   ______________________________.

5. Der Roman hat mir sehr gut gefallen.

   ______________________________.

> ! Mögen, schmecken, lieben, gut gefallen, gern tun ... Das alles lässt sich mit *gustar* übersetzen. Wie praktisch!

107 ¡Alegría, señores!

Es gibt tausende Gründe, sich des Lebens zu freuen. Sortieren Sie die Wörter, um Sätze zu bilden.

1. tengo / de / ir / Hoy / teatro / ganas / muchas / al

   ______________________________.

2. verte / mucho / de / Me / alegro

   ______________________________.

3. alegra / estés / aquí / Me / que

   ______________________________.

4. cumpleaños / ilusión / mucha / Espero / con / mi

   ______________________________.

108 De altas y bajas

Ergänzen Sie mit der passenden Wendung.

la baja • estoy de baja • me han dado de alta • bajas
dar de alta • me he dado de alta • una baja

1. Me voy a ________________ en el club de tenis.
2. Me encuentro muy mal. Esta semana ________________ en la oficina.
3. Hoy vuelvo a casa. Ya ________________ en el hospital.
4. ________________ como autónomo[1].
5. Por favor, presente ________________ en la oficina de personal.
6. Aquí hubo muchas ________________ durante la guerra.
7. Este mes hay ________________ en el precio de los lácteos[2].

[1] autónomo, a = selbstständig [2] lácteos *m pl* – Milchprodukte

109 Ordenadores

Wenn es um Computer geht, greift man im Deutschen gerne auf englische Begriffe zurück. Der Spanier hat seine eigenen. Ein paar davon lernen Sie kennen, wenn Sie in den Wörtern die fehlenden Vokale ergänzen.

1. P__rt__t__l se llama un ordenador que puedes llevar a otros lugares.
2. Usas el r__t__n para manejar el ordenador.
3. Un f__ch__r__ es un conjunto de datos electrónicos.
4. Si organizas tus ficheros en c__rp__t__s, los encuentras fácilmente.
5. Si no tienes __cc__s__ a la r__d, no puedes n__v__g__r por Internet, ni recibir ni enviar c__rr__ __s __l__ctr__n__c__s.
6. Las personas que usan la red son los __s__ __r__ __s.
7. Los __nl__c__s te dan referencias a otros documentos en una p__g__n__ w__b.
8. Por el acceso y el uso de la red pagas una cantidad de dinero fija, es decir una t__r__f__ pl__n__.

110 ¡Claro que sí!

Immer positiv bleiben! Übersetzen Sie die folgenden Sätze ins Spanische und benutzen Sie dabei immer das Wort *sí*.

1. Diese Lektion ist wohl zu Ende.

   ______________________________.

2. Ich sage dir doch die Wahrheit.

   ______________________________.

3. Natürlich, du kannst weiter üben.

   ______________________________.

4. Das ist aber schade!

   ______________________________.

5. Ich erinnere mich schon an dich!

   ______________________________.

6. Selbstverständlich!

   ______________________________.

7. Du bist nicht müde, aber ich schon.

   ______________________________.

> ! Ein spanisches Wort – *sí* – kann so vieles sagen: wohl, doch, schon, ja, natürlich, selbstverständlich. Und trifft die Sache dennoch auf den Punkt!

Grammatik

5. Artikel

5.1 **Im Regeldickicht**
Bestimmte und unbestimmte Artikel

5.2 **Mit oder ohne?**
Gebrauch der Artikel

5.1 Im Regeldickicht

Bestimmte und unbestimmte Artikel

Haben Sie sich schon einmal in die Lage eines Spaniers versetzt, der Deutsch lernt? Und wie er dabei mit den vielen unterschiedlichen Formen des bestimmten und unbestimmten Artikels zu kämpfen hat, fast so wie damals Don Quijote mit den Windmühlen? Für Sie mit Deutsch als Muttersprache dürften die spanischen Artikel eine vergleichsweise einfache Übung sein. Doch gibt es auch hier einige Regeln zu beachten.

111 Los de siempre[1]

Setzen Sie den bestimmten Artikel in den Plural bzw. Singular.

1. el barrio	_____ barrios
2. _____ coche	los coches
3. _____ película	las películas
4. la calle	_____ calles
5. _____ avión	los aviones
6. la ciudad	_____ ciudades
7. el autobús	_____ autobuses

[1] los de siempre = die üblichen Verdächtigen

> **!** Leicht zu merken: *el* wird *los* und *la* wird *las*.

112 Lo útil es que...

Ergänzen Sie den richtigen bestimmten Artikel.

_____ llaves
_____ bueno
_____ mar
_____ viaje
_____ razón
_____ días
_____ problemas
_____ flor
_____ paraguas
_____ buenos
_____ corazón
_____ motos
_____ luz
_____ práctico
_____ bicicleta

! Eigentlich gibt es nur zwei Geschlechter im Spanischen. Doch zum bestimmten Artikel gibt es auch ein Neutrum: *lo*. Das braucht man in Sätzen wie „Das Interessante daran ist ..." = *Lo interesante es que ...* Zu *lo* gibt es keinen Plural.

113 ¿Y el artículo?

Ergänzen Sie die Sätze, indem Sie die Klammer übersetzen.

1. ◆ ¿(die Schokolade) ______________________ es para mí?
   ● Sí. Es que sé que te gusta.
2. ◆ Van a cerrar (das Geschäft) ______________________ donde compramos (die Möbel) ______________________.
   ● ¡Qué lástima! Nosotros compramos (das Sofa) ______________________ y (die Sessel) ______________________ del salón allí.
3. ◆ (die Tochter) ______________________ de vuestros vecinos estudia ahora en Salamanca, ¿verdad?
   ● Sí, y (das Interessante) ______________________ es que su madre y también su tía estudiaron allí.

114 Un agua mineral, una cerveza...

Ordnen Sie die Substantive dem passenden unbestimmten Artikel zu und setzen Sie Artikel und Substantiv in den Plural.

niño • página • idioma • parque • región • hombre
foto • fuente • mes • error • reloj • ley

un

una

115 Dime, por favor

Wählen Sie in den Antworten den richtigen Artikel.

1 ¿Cuántos años tiene tu nieto? – Cumple (un / uno / una) ________ año en febrero.
2. ¿Cuántos baños hay en tu piso? – (Un / Uno / Una) ________.
3. ¿Con cuántas chicas saliste anoche? – Solo con (un / uno / una) ________, mi novia.
4. ¿Qué número tiene tu casa? – Ciento (un / uno / una) ________.
5. ¿A cúantas millas está tu casa del centro de Nueva York? – A exactamente treinta y (un / uno / una) ________.

116 Todas femeninas

Die folgenden Substantive beginnen alle mit *a*- bzw. *ha*- und sind weiblich. Ordnen Sie ihnen den richtigen Artikel zu, indem Sie auf die Linie „1" für *el/un* und „2" für *la/una* schreiben.

____ agua
____ amiga
____ hada[1]
____ águila
____ ama de casa
____ alma
____ harina
____ abuela
____ amistad
____ autopista
____ hacienda
____ hambre
____ ayuda

[1] hada *f* = Fee

> **!** Dass man bei weiblichen Substantiven, die mit einem betonten *a*- oder *ha*- beginnen, im Singular die männlichen Artikel *un* und *el* benutzt, hat praktische Gründe. Oder gelingt es Ihnen, *una agua* oder *la agua* zu sagen, ohne dabei über die zwei *a* zu stolpern?

117 El amor en los tiempos del cólera[1]

Entscheiden Sie sich für den richtigen Artikel, damit der Satz Sinn macht.

1. Madrid fue (el / la) _____ Capital Europea de Cultura de 1992.
2. Sus heridas eran tan graves que la indujeron[2] en (un / una) _____ coma artificial.
3. ¿Cuántos años llevas cantando en (el / la) _____ coral de la universidad?
4. Las palabras del jefe provocaron (el / la) _____ cólera entre los empleados.

[1] El amor en los tiempos del cólera = Die Liebe in den Zeiten der Cholera (Titel eines Romans von Gabriel García Márquez)
[2] inducir = (ins Koma) versetzen

118 El artículo es lo que importa

Übersetzen Sie die folgenden Sätze. Bei den fett gedruckten Substantiven müssen Sie sich entscheiden: *el* oder *la*?

1. Wer gab den **Befehl**, es zu tun?
   ______________________________________. el / la orden
2. Hast du schon einmal einen **Kometen** gesehen?
   ______________________________________. un / una cometa
3. Wo wirst du die **Kur** machen?
   ______________________________________. el / la cura
4. Laut **Wetterbericht** wird es morgen schneien.
   ______________________________________. el / la parte

5.2 Mit oder ohne?

Gebrauch der Artikel

„Hast du Auto?“ Was im Deutschen ohne „ein“ falsch und unvollständig klingt, ist im Spanischen richtig: *¿Tienes coche?* Aber bei Sätzen wie „Ich mag Katzen.“ wird ein Spanier den bestimmten Artikel vermissen, denn auf Spanisch heißt es: *Me gustan los gatos.* Wann man im Deutschen und Spanischen Artikel setzt und wann nicht, üben Sie in diesem Kapitel.

119 ¿Con o sin artículo? (1)

Ergänzen Sie mit dem bestimmten Artikel, wo er nötig ist. Und denken Sie daran: *a + el = al, de + el = del.*

1. ◆ Buenas tardes, ___ señora Pérez. ¿Ya está de vuelta de ___ vacaciones?
   ● Sí, ya volví ___ semana pasada.
2. ◆ ¿Quién es aquel chico de ___ pelo negro y de ___ ojos claros?
   ● Es ___ novio de Laura.
3. ◆ ¿Conoces a ___ señor Moreno?
   ● Sí. Es ___ nuevo profesor de ___ hijo de nuestros vecinos.
4. ◆ ¿Ya os habéis apuntado para ___ curso de pilates?
   ● Claro. Nos gusta ___ deporte. Además es muy sano para ___ salud.

120 Países, regiones y ciudades

Einige Ortsnamen stehen mit dem bestimmten Artikel. Lösen Sie das Rätsel.

1. San Salvador es la capital de este país. ______________
2. Así se llama la capital de Cuba. ______________
3. A este país lo llaman también Holanda. ______________
4. De aquí viene Don Quijote. ______________
5. Me encanta el vino de esta región. ______________

121 Me gusta la música

Übersetzen Sie ins Spanische. Denken Sie an die bestimmten Artikel.

1. Sonntags um elf gehen sie ins Fitnessstudio.

___

2. Meine Freundin Carla ist krank. Sie hat Grippe.

___

3. Mit elf Monaten kann meine Enkelin schon laufen.

___

4. Frauen lieben erfolgreiche Männer[1].

___

[1] un hombre de éxito = ein erfolgreicher Mann

122 ¿Con o sin artículo? (2)

Bringen Sie die Wortgruppen in die richtige Reihenfolge. In einigen Sätzen benötigen Sie den angegebenen unbestimmten Artikel nicht.

1. muy viejo   coche   Tienen   un

___

2. por favor   copa de vino   otra   Tráigame   una

___

3. famoso   un   muy   Es   pianista

___

4. en el centro   Vive   y por eso   coche   un   no tiene

___

5. Solo   queda   botella   una   de agua mineral   media

___

123 ¿Qué tal una barbacoa?

Wie wär's an einem lauen Sommerabend mit einem Barbecue? Diese Idee haben auch zwei Freundinnen. Übersetzen Sie die Antworten.

◆ ¿Qué te parece si hacemos una barbacoa?

● Das ist eine gute Idee. Aber hast du einen Grill[1]?

1. ______________________________

◆ Podemos usar la de mis padres.

● Was brauchen wir zum Essen und Trinken?

2. ______________________________

◆ Me quedan cinco botellas de vino tinto.

● Ich kaufe noch fünf Flaschen Weißwein.

3. ______________________________

◆ ¿Podrías hacer esa ensalada de patatas que hiciste en tu cumpleaños?

● Gern, wenn du glaubst, dass die anderen Kartoffelsalat mögen.

4. ______________________________

◆ ¿Qué necesitas para hacerla?

● Ich brauche nur noch ein halbes Kilo Kartoffeln.

5. ______________________________

◆ Y yo voy a comprar la carne.

● Kannst du außerdem ein paar Würstchen kaufen?

6. ______________________________

◆ Ya las tengo en la lista de la compra.

● ¿Cuántas personas vienen?

◆ Ungefähr zehn.

7. ______________________________

◆ Perfecto. Entonces, ¡a trabajar!

[1] parrilla *f* = Grill

6. Substantive

6.1 Männlein oder Weiblein?
Das Geschlecht der Substantive

6.2 Einer allein reicht nicht
Der Plural der Substantive: Fallstricke

6

6.1 Männlein oder Weiblein?

Das Geschlecht der Substantive

Die Spanier sind für klare Verhältnisse: Substantive sind entweder männlich oder weiblich, ein Neutrum gibt es nicht. Aber auch zwei Geschlechter lassen natürlich noch Raum für Zweifel. Doch keine Panik: Es gibt ein paar Regeln, die bei der Entscheidung helfen.

124 ¡Qué lío![1]

Schaffen Sie Ordnung in dem Durcheinander. Schreiben Sie die spanischen Substantive in den richtigen Kasten und geben Sie die deutsche Übersetzung wie im Beispiel an.

~~billete~~ • viento • nieve • carta • tarde • árbol • salud • postal
llave • ópera • barril • niñez • viaje • sabor • pan • clima

männlich	weiblich
billete = (die) Fahrkarte	

[1] ¡Qué lío! = Was für ein Durcheinander!

> **!** Sie sehen schon: Es kann vorkommen, dass ein männliches Substantiv im Deutschen ein weibliches Gegenstück im Spanischen hat und umgekehrt. Sonst wäre es für Sie ja viel zu einfach!

125 Bien está lo que bien acaba[1] – con *e*

Im Buchstabenquadrat haben sich senkrecht und waagerecht sieben Substantive versteckt, die auf -*e* enden. Finden Sie sie und ordnen Sie sie ein. Eines der Substantive kann männlich oder weiblich sein – je nach Bedeutung.

m	x	h	y	s	t	l	k
e	w	c	o	c	h	e	x
t	v	a	d	e	s	t	e
r	a	l	o	p	z	n	b
a	c	l	a	s	e	e	v
p	u	e	n	t	e	i	h
r	w	v	y	g	f	d	m
j	q	u	h	s	r	t	l

männlich

____

____

____

____

weiblich

____

____

____

____

[1] Bien está lo que bien acaba. = Ende gut, alles gut.

126 Una nube en el oeste

Zweimal männlich, einmal weiblich. Schreiben Sie jeweils das weibliche Substantiv mit der Endung -*e* auf die Linie.

1. pie	detalle	carne	__________
2. aire	fuente	garaje	__________
3. leche	traje	baile	__________
4. café	torre	guante	__________
5. gente	aceite	norte	__________

127 Ah, ¡qué masculino!

Ein *a* am Ende zeugt nicht immer von Weiblichkeit. Geben Sie auf der Linie das Geschlecht der Substantive mit „m“ (maskulin) oder „f“ (feminin) an. Ein Substantiv kann männlich und weiblich sein.

___ semana ___ ensalada

___ pareja

___ cama

___ problema ___ idioma

___ silla

___ día

___ programa

___ mapa

___ poeta

___ clima

128 Parece masculino, pero...

Nun, ein *o* am Ende muss nicht unbedingt männlich sein. Schreiben Sie die Substantive heraus, die auf *o* enden und weiblich sind.

mano bolsillo sello foto plátano

moto correo rayo radio minuto

___

___

___

129 Cada oveja con su pareja[1]

Ganz einfach – und ganz logisch: Wenn Substantive Personen bezeichnen, richten sie sich nach dem natürlichen Geschlecht der Person. Geben Sie jeweils die männliche und weibliche Hälfte der Paare an.

Me alegro de que todos hayan llegado:

1. los tíos: *el tío y la tía*
2. los padres: el ________ y la ________
3. los hijos: el ________ y la ________
4. los cuñados: el ________ y la ________
5. los yernos: el ________ y la ________
6. los padrinos: el ________ y la ________
7. los reyes: el ________ y la ________
8. los príncipes: el ________ y la ________
9. los estudiantes: el ________ y la ________
10. los pintores: el ________ y la ________
11. los artistas: el ________ y la ________
12. los jefes: el ________ y la ________
13. los actores: el ________ y la ________

Tampoco faltan los animales:

14. los perros: el ________ y la ________
15. los gallos: el ________ y la ________
16. los toros: el ________ y la ________

[1] Cada oveja con su pareja. = Gleich und gleich gesellt sich gern.

130 En los Alpes

In den Alpen kennen Sie sich aus? Gut, dann nehmen wir Sie mit in andere Regionen! Ergänzen Sie den Artikel und verbinden Sie.

1. ___ Teide, ¿dónde está?
2. ¿Dónde se produce ___ Seat?
3. Hawaii está en ___ Atlántico.
4. ¿En qué río está Colonia?

a. No, está en ___ Pacífico.
b. Está en ___ Rin.
c. Está en Tenerife.
d. No sé. ¿Quizás en Bilbao?

1.	2.	3.	4.

131 ¡Atención, por favor!

Sind folgende Aussagen zum Geschlecht spanischer Substantive richtig oder falsch? Kreuzen Sie an.

	verdadero	falso
1. Substantive auf -*a* sind immer weiblich.		
2. Substantive auf -*o* sind männlich oder weiblich.		
3. Substantive auf -*e* sind immer männlich.		
4. Substantive auf -*tad* sind immer männlich, auf -*dad* immer weiblich.		
5. Substantive auf -*ista* sind immer weiblich.		
6. Substantive auf -*ción* und -*sión* sind immer weiblich.		
7. Substantive nur auf -*ión* sind männlich.		
8. Substantive auf -*l* sind männlich oder weiblich.		
9. Substantive auf -*umbre* sind männlich.		
10. Substantive auf -*ón* und -*or* sind in der Regel männlich.		

6.2 Einer allein reicht nicht

Der Plural der Substantive: Fallstricke

Wie Sie sich in Ihrem Urlaub in Spanien mit mehr als einem *helado*, einer *copa de vino* oder einem *café con leche* versorgen können, das wissen Sie ja bereits. Kniffliger wird es, wenn bei einem Substantiv die Form von Singular und Plural gleich ist oder wenn es von einem Substantiv nur einen Plural gibt. Aber eins nach dem anderen!

132 ¿Singular y/o plural?

Die folgenden Substantive haben am Ende alle *s*. Doch nicht alle sind eine klassische Pluralform. Einige Wörter lauten im Singular und Plural gleich, andere wiederum haben überhaupt keinen Singular. Ordnen Sie die Wörter richtig ein und geben Sie, wenn möglich, auch den Singular an.

sacacorchos • vacaciones • ciudades • trenes • gafas
víveres • tijeras • parasoles • lavaplatos • costumbres
martes • sábados

Plural eines Singulars

Gleiche Form für Singular und Plural

Nur Plural

133 ¿Una vez o muchas veces?

Ergänzen Sie mit dem fehlenden Singular oder Plural.

Singular	Plural
paraguas	____________________
____________________	colores
puerta	____________________
____________________	lunes
mujer	____________________
____________________	cumpleaños
instituto	____________________
____________________	montes
nariz	____________________
____________________	reyes

134 En el país de las maravillas[1]

Ergänzen Sie die Lücken jeweils mit dem Plural des fett gedruckten Substantivs. Achten Sie dabei auch auf Betonung und Akzente.

1. Dinamarca, Suecia y Noruega son ____________________ del norte de Europa. Portugal es un **país** del sur.
2. ¿Sabes la letra de la nueva **canción** de Gloria Estefan? – Claro, sé las letras de todas sus ____________________.
3. Voy a regalarle a mi sobrina ____________________ de diferentes colores porque a ella le gusta pintar a **lápiz.**
4. ¿Has leído de ese **crimen** horrible? – Sí. Y parece que la crueldad de los ____________________ está aumentando.
5. Mis abuelos aún se sienten ____________________, aunque a los 62 años mi abuela ya no es **joven,** ni hablar de mi abuelo que ya tiene 70.

[1] país de las maravillas *m* = Schlaraffenland

135 Uno es suficiente

Schreiben Sie jeweils den Singular des unterstrichenen Substantivs auf die Linie.

1. ¿Cuántas veces has estado en Chile? ________________
2. No trabaja nunca los miércoles. ________________
3. En el casco antiguo hay muchos bares y restaurantes. ________________
4. Viven aquí desde hace seis meses. ________________
5. Nuestros vecinos son marroquíes, de Tánger. ________________
6. Los cruces sin semáforo son muy peligrosos. ________________

> **!** Die Endung *-es* kann vieles sein: der Plural eines Substantivs mit der Endung *-e*, der Plural eines Substantivs mit einem *-z* am Ende, der Plural eines Substantivs mit einem Konsonanten als Endung oder einfach ein Wort, das auf *-es* endet. Das muss man wissen, wenn man ein Wort im Wörterbuch nachschlagen möchte.

136 Uno, pero compuesto

Manche Substantive werden aus mehreren Wörtern gebildet. Ergänzen Sie den jeweils passenden Begriff, indem Sie die fehlenden Vokale einfügen.

1. ¿Me pasas el s__c__c__rch__s para sacar el corcho de la botella de vino?
2. Necesito además el __br__l__t__s para abrir esta lata de sardinas.
3. Vamos a cascar unas nueces con el c__sc__n__ __c__s.
4. Por si fuera poco, mañana cumplo años: es mi c__mpl__ __ñ__s.
5. No me digas que después de la comida lavas los platos a mano. ¿No tienes l__v__pl__t__s?

7. Adjektive und Adverbien

7.1 **Ende gut, alles gut**
Endungen der Adjektive

7.2 **Jedem das Seine**
Possessivadjektive

7.3 **Wohin damit?**
Stellung der Adjektive

7.4 **Der feine Unterschied**
Adjektiv oder Adverb?

7.5 **Größer, schöner, besser!**
Steigerung der Adjektive und Adverbien

7.1 Ende gut, alles gut

Endungen der Adjektive

Ihre kalte Limo werden Sie ganz sicher bekommen – egal ob Sie wissen, dass zu *limonada* das Adjektiv *fría* (und nicht *frío*) gehört. Wenn Sie aber in Ihrem Hotel in Barcelona die Rezeptionistin fragen, *¿Es Ud. catalana?*, können Sie damit sicher punkten. Mit der richtigen Endung des Adjektivs hinterlassen Sie *una buena impresión*!

137 El arte de combinar (1)

Was passt von Form und Inhalt her zusammen? Ordnen Sie zu.

1. un día
2. una enfermera
3. una calle
4. un vestido
5. un partido
6. un estudiante

a. elegante
b. izquierdista[1]
c. joven
d. soleado
e. estrecha
f. trabajadora

[1] izquierdista = (politisch) linksgerichtet

1.	2.	3.	4.	5.	6.

138 El arte de combinar (2)

Der Singular hat geklappt? Dann ergänzen Sie nun mit dem Plural der Adjektive aus Übung 137.

1. días ____________
2. enfermeras ____________
3. calles ____________
4. vestidos ____________
5. partidos ____________
6. estudiantes ____________

139 Tu casa, ¿cómo es?

Ergänzen Sie die fehlenden Endungen.

La casa donde vivo es modern___ y también es acogedor___: tiene un diseño exclusiv___ y muy elegant___, un jardín grand___ y piscina climatizad___. Yo vivo en el quint___ piso y tengo unas vistas formidabl___ a la ciudad. El salón es muy ampli___ y solead___, con cocina american___. Tengo dos dormitorios espacios___, dos baños precios___ y un estudio cómod___, con much___ luz. Es un edificio alt___, que se encuentra junto a una zona verd___ muy bonit___.

140 ¡Vamos ya!

Übersetzen Sie die deutschen Sätze und ergänzen Sie den Dialog.

♀ Bueno, chicos, ¿estáis listos?

♂♂ ____!

Ja, wir sind fertig!

♀ ¿Y vosotras, chicas?

♀♀ ¡____!

Auch wir sind fertig!

♂♂ ¿____?

Und du, Mama, bist du fertig?

♀ ¡______________________________

______________________________!

Ich bin seit einer Stunde fertig!

♀ ¿______________________________

______________________________?

Und was ist mit dem Papa ... ist er fertig?

Aber ... wo ist der Papa?

141 Pongo en la maleta...

In einem Koffer sieht es oft sehr bunt aus. Setzen Sie die Farbadjektive in die richtige Form.

1. camisetas (negro) ____________
2. una blusa (rojo oscuro) ____________
3. un vestido (amarillo) ____________
4. chaquetas (naranja) ____________
5. un jersey (violeta) ____________
6. una falda (gris) ____________
7. camisas (azul claro) ____________
8. pantalones (verde) ____________
9. un camisón (rosa) ____________
10. zapatos (marrón) ____________

142 Mercancías de todo el mundo

Waren aus der ganzen Welt – und jedes Land hat seine Spezialität. Bilden Sie Sätze wie im Beispiel.

1. aceitunas / verde / España
   Las aceitunas verdes son de España. Son españolas.
2. manzanas / crujiente[1] / Alemania
   ____
3. pescado / fresco / Dinamarca
   ____
4. bombones / dulce / Bélgica
   ____
5. queso / ecológico / Suiza
   ____
6. tequila / fuerte / México
   ____
7. hamburguesas / grande / Estados Unidos
   ____
8. aceite de semillas de calabaza[2] / verde marrón / Austria
   ____

[1] crujiente = knackig
[2] semillas de calabaza *f pl* = Kürbiskerne

143 El primer día

Ergänzen Sie die Adjektive in der richtigen Form.

1. Carmen siempre es la (primero) ______________ persona que llega.
2. Siento mucho que no quede (ninguno) ______________ trozo de pastel.
3. Aunque hacía muy (malo) ______________ tiempo con mucha lluvia, salimos.
4. Me gustó mucho la fiesta en tu casa. ¡Eres un (grande) ______________ anfitrión![1]
5. ¿Vivís en el (tercero) ______________ piso, verdad? – No, en el (primero) ______________.
6. Fui de vacaciones con una (bueno) ______________ amiga.
7. ¿Si tengo (alguno) ______________ libro sobre los aztecas? No, no tengo (ninguno) ______________.

[1] anfitrión *m* = Gastgeber

144 En mi monedero[1] tengo...

Schreiben Sie die Zahlen aus. Denken Sie an die Endungen.

1. de Inglaterra: 431 ______________________________ libras
2. de Estados Unidos: 1.501 ______________________________ dólares
3. de Francia: 6.776 ______________________________ euros
4. de Suecia: 212.015 ______________________________ coronas
5. de Suiza: 95 ______________________________ francos

[1] monedero *m* = Portemonnaie

7.2 Jedem das Seine

Possessivadjektive

¿Es esta su cerveza? – Eine gute Frage, denn es ist nicht unwichtig, ob das Bier vor Ihnen tatsächlich Ihnen gehört oder einer anderen Person in Ihrer Runde. Die wäre dann sicher nicht begeistert, wenn Sie zu ihrem Bier greifen. Also wem gehört denn nun *su cerveza* – ihm, ihr oder doch Ihnen? Sie sehen schon, ganz so leicht lässt sich das nicht sagen. Versuchen wir also, den rechtmäßigen Besitzer zu ermitteln.

145 Mi casa es su casa[1]

Schreiben Sie jeweils das passende Possessivadjektiv auf die Linie. Der Besitzer steht in Klammern davor.

1. (tú): ________ móvil
2. (ella): ________ paraguas
3. (Ud.): ________ gafas
4. (ellos): ________ fotos
5. (yo): ________ hijos
6. (nosotros): ________ bicicletas
7. (nosotras): ________ profesor
8. (Uds.): ________ casa
9. (vosotras): ________ jardín
10. (él): ________ ordenador

[1] Mi casa es su casa. = Fühlen Sie sich wie zu Hause.

> **!** Mit *su* und *sus* sind die Besitzverhältnisse auf den ersten Blick oft unklar. Denn der Besitzer kann *él*, *ella*, *usted*, *ellos*, *ellas* oder *ustedes* sein. Mit einem kleinen Trick lässt sich jedoch schnell Klarheit schaffen: man sagt z. B. *el ordenador de ella*, und schon weiß man, dass der Computer ihr und nicht etwa ihm gehört.

146 El propietario legítimo[1]

Klären Sie die Besitzverhältnisse und formen Sie wie im Beispiel um.

1. Sus gafas están en la mesa. (mi madre)
   Las gafas de mi madre están en la mesa.
2. La señora mayor de la foto es su abuela. (Miguel)
   ____
3. No sé dónde está su paraguas. (usted)
   ____
4. ¿Es su bolso? (Carla)
   ____
5. Sus amigos ya están jugando al fútbol. (él)
   ____

[1] legítimo = rechtmäßig

147 No es mío

In der Schlamperlkiste des Sportvereins hat sich einiges angesammelt. Antworten Sie wie im Beispiel mit dem betonten Possessivadjektiv.

1. ◆ ¿Es este tu jersey?
   ● No, no es ___*mío*___. Creo que es de Juan.
2. ◆ ¿Es esta tu camiseta?
   ● No, no es __________. Creo que es de Felipe.
3. ◆ ¿Es este el chándal[1] de Paco?
   ● Sí, es __________.
4. ◆ ¿Son estos los calcetines de María?
   ● No sé si son __________. Voy a preguntarle.
5. ◆ ¿Son estos tus pantalones?
   ● Ah, sí, son __________. Los he estado buscando por todas partes.

[1] chándal *m* = Trainings-, Jogginganzug

148 El posesivo aquí no sirve

Nicht immer ist das Possessivpronomen angebracht. Übersetzen Sie.

1. Könnten Sie Ihre Schuhe ausziehen[1]?

   ____

2. Mein Kopf tut weh!

   ____

3. Möchtest du deine Hände waschen?

   ____

4. Sie hatte Tränen[2] in ihren Augen.

   ____

5. Hast du deinen Pass gefunden?

   ____

[1] quitarse algo = etw. ausziehen
[2] lágrima *f* = Träne

149 No tengo solo uno

Ist der gut aussehende Mann, mit dem Sie gestern im Kino waren, Ihr fester Freund? Nein, er ist nur einer von vielen! Geben Sie das richtige Possessivadjektiv an. Der Besitzer steht in Klammern hinter dem Satz.

1. Los Martínez son vecinos ____________, ¿verdad? (Uds.)
2. Este es un coche ____________ (él). Le encantan los coches antiguos[1].
3. Gastarlo todo en ropa es un vicio[2] ____________. (ellas)
4. Las chicas de esta foto son compañeras ____________ del curso. (yo)
5. La protección del medio ambiente es un tema ____________. (nosotros)
6. No perder el control es una cualidad ____________. (tú)
7. Llegar siempre tarde es una mala costumbre ____________. (vosotros)

[1] coche antiguo *m* = Oldtimer
[2] vicio *m* = schlechte Angewohnheit

150 Una amiga mía

Ergänzen Sie zu sinnvollen Dialogen.

una amiga mía • vuestro trabajo • afición[1] nuestra • tu novia
colega tuyo • tarea vuestra • mi vecino

1. ◆ ¿Conoces a Carmen?
   ● No, no la conozco. ¿Es ______________?
   ◆ No, es solo ______________.
2. ◆ Este chico de la foto es Jaime, ______________.
   ● Además es un ______________, ¿verdad?
3. ◆ A mí no me gusta cocinar.
   ● A mí, sí, y también a mi marido. Es una gran ______________.
4. ◆ Sé que ______________ os gusta. Pero, ¿por qué trabajáis también el sábado?
   ● Tenemos que instalar el nuevo software.
   ◆ Por supuesto. Sois informáticos y es una ______________.

[1] afición *f* = Hobby

151 En toda mi vida

Übersetzen Sie jeweils den Ausdruck in der Klammer.

1. El tango es (eine ihrer großen Leidenschaften) ______________.
2. ¿Habéis oído (in eurem Leben) ______________ una cosa más loca?
3. El coche rojo (vor Ihrem Haus) ______________, ¿es de (einer Nachbarin von Ihnen) ______________?
4. ¿No recuerdas (dein Lehrer) ______________ de química? Ahora es (ein Schüler von mir) ______________. Está en uno de (meine Kurse) ______________ de español.
5. (Mein Liebling) ______________, ¿qué te parece un viaje a París?

7.3 Wohin damit?

Stellung der Adjektive

Was haben Sie bloß falsch gemacht, als Sie Ihre frühere spanische Nachbarin mit den Worten *mi vecina vieja* vorgestellt haben? Das Adjektiv folgt doch auf das Substantiv, oder? Ja, zumindest ist es meistens so. Aber es gibt auch Adjektive, die vor dem Substantiv stehen können – mit nicht unerheblichen Folgen ... Also, nochmal: *Esta es la Sra. Sotelo, mi vieja vecina.* Sehen Sie, es geht doch!

152 Formas y colores

Zunächst einmal der Standardfall. Bringen Sie die Wortgruppen in die richtige Reihenfolge.

1. en el comedor? / ¿Tenéis / redonda o / cuadrada / una mesa

   ____

2. tu piel / blancas / hacen juego[1] / morena / Las blusas / con

   ____

3. Nos / blanca / las playas / de arena / gustan / largas

   ____

4. al rugby / oval / Para / un balón / se usa / jugar

   ____

5. los platos / ¿Dónde / a puntos / hexagonales[2] / compraste / azules?

   ____

[1] hacer juego = (zu etw.) passen
[2] hexagonal = sechseckig

> **!** Natürlich gibt es Adjektive, die dem Substantiv vorausgehen, zum Beispiel die Ordnungszahlen wie *primero, segundo* usw. und Adjektive wie *mucho*, *poco*, *otro* oder *medio*. Mehr dazu in den Übungen 155 und 156.

153 Cierto problema

Hier ändert sich die Bedeutung des Adjektivs mit seiner Stellung. Ergänzen Sie die angegebenen Adjektive in der richtigen Form und ordnen Sie sie der passenden Bedeutung zu.

1. cierto	
ciertas informaciones → gewisse Informationen	wahre Informationen
informaciones ______	gewisse Informationen
2. diverso	
______ ideas	mehrere Ideen
ideas ______	unterschiedliche Ideen
3. pobre	
______ gente	bedauernswerte Leute
gente ______	arme Leute
4. bueno	
una ______ amiga	eine enge Freundin
una amiga ______	eine (charakterlich) gute Freundin
5. solo	
una ______ persona	eine einsame Person
una persona ______	eine einzige Person
6. único	
un ______ ejemplo	ein einziges Beispiel
un ejemplo ______	ein einzigartiges Beispiel
7. viejo	
un ______ amigo	ein betagter Freund
un amigo ______	ein langjähriger Freund
8. grande	
______ mujeres	bedeutende Frauen
mujeres ______	(körperlich) große Frauen

154 Un pequeño problema

Was passt besser? Setzen Sie die angegebenen Adjektive in der richtigen Form vor oder nach dem Substantiv ein.

1. No critiques tanto a Manuel: es un ______ colega ______ y todavía no tiene mucha experiencia.
2. Quería pedirte que me hagas un ______ favor ______.
3. Una ______ amiga ______ me propuso comprar una ______ casa ______.
4. Llamas en un ______ momento ______. Estoy a punto de salir.
5. ¡Por fin un ______ móvil ______! Voy a probarlo ahora mismo.

joven
pequeño
viejo (2x)
malo
nuevo

> **!** Noch ein Problem, eher ein Problemchen – *un pequeño problema* – also alles halb so schlimm. Hier gibt das vorangestellte Adjektiv ein subjektives Empfinden wieder. Natürlich kann das Problem auch wirklich klein und unbedeutend sein: *un problema pequeño... ¡pero interesante!* Hier geht es um Feinheiten.

155 En primer lugar...

Manche Adjektive stehen immer an erster Stelle, vor dem Substantiv. Aber welche? Übersetzen Sie den Ausdruck in der Klammer.

1. ¿Cómo se llama (der erste Tag) ____________ de la semana?
2. Vivimos (in dem gelben Haus) ____________ (im dritten Stock) ____________ a la derecha.
3. Aunque está jubilado ya, mi marido nunca se aburre. Tiene (viele Hobbies) ____________.
4. No, gracias, no quiero (noch ein Stück) ____________ de tortilla. Tengo (wenig Hunger) ____________ hoy.
5. ¿Qué tomaste en las vacaciones de la Costa Brava, (katalanischer Wein) ____________ o (deutsches Bier) ____________?

156 Una tarta de manzana

Übersetzen Sie die Dialoge.

◆ Ist es das erste Mal, dass du einen Apfelkuchen backst?

¿____?

● Nein, ich habe das schon viele Male getan.

____

◆ Ich werde dir helfen. Wie viel Mehl und wie viel Zucker brauchst du?

____?

● Ein halbes Kilo Mehl. Und nur wenig Zucker.

____

● Und gib mir bitte noch einen kleinen Apfel, 200 g Butter, eine halbe Tasse kalte Milch, ...

____

____

7.4 Der feine Unterschied

Adjektiv oder Adverb?

¡Nunca hemos comido tan bien! ¡El pescado estaba buenísimo! Schade nur, dass diese Sätze nicht so flüssig über die Lippen gehen wollen. Geht es darum zu sagen, wie Sie gegessen haben (*bien* = Adverb) oder wie der Fisch war (*buenísimo* = Adjektiv)? Damit Sie Ihre Komplimente auch bei vollem Magen richtig formulieren, lohnt es sich, zunächst einmal diesen Unterschied gut zu verdauen.

157 ¡El pescado está bien bueno!

Adjektiv oder Adverb? Unterstreichen Sie jeweils die richtige Form.

1. Practicar deporte (regular / regularmente) es bueno para la salud.
2. Ernesto es (real / realmente) (inteligente / inteligentemente) y aprende (fácil / fácilmente).
3. Nuestra tía necesita un audífono[1] porque oye (malo / mal).
4. Estás muy (atento / atentamente). Pero no como manzanas.
5. Preferimos trabajar (independientes / independientemente).
6. Carla está muy (dotada[2] / dotadamente) para los idiomas. Después de vivir medio año en Chile ya habla español (increíble / increíblemente) (bueno / bien).

[1] audífono *m* = Hörgerät [2] dotado, -a = begabt

> ! Wussten Sie schon? In bestimmten Wendungen werden Adjektive adverbial gebraucht, z. B. *hablar claro, correr rápido*.

158 ¡Qué bien!

Ergänzen Sie die Teilsätze mit der richtigen Form des Adjektivs *bueno* oder dem Adverb *bien* und verbinden Sie sie zu sinnvollen Sätzen.

1. Es una pianista muy __________
2. ¡No te preocupes que ya está __________!
3. Tiene siempre ideas __________,
4. ¡Qué __________ está la paella!
5. Claudia es una profesora __________

a. Todos los resultados del examen son __________.
b. La preparó mi padre. Es un cocinero muy __________.
c. y además canta muy __________.
d. que sabe explicarlo todo muy __________.
e. pero no sabe realizarlas __________.

1.	2.	3.	4.	5.

159 ¡Gracias, muy bien!

Wo fehlt *mucho* und wo *muy*? Setzen Sie die Adverbien ein.

1. ◆ ¿Te gusta la arquitectura de este barrio?
   ● No, no __________. Es __________ moderna.
2. ◆ ¿Qué tal el inglés de tu hijo?
   ● Desde que pasó las vacaciones en Inglaterra es __________ mejor.
3. ◆ ¿Estuvisteis contentos con el hotel?
   ● Sí, __________.
4. ◆ Y ahora eres feliz, ¿verdad?
   ● Sí, desde que conozco a Carlos, soy __________ feliz.

7.5 Größer, schöner, besser!

Steigerung der Adjektive und Adverbien

Spanien ist der Deutschen liebstes Urlaubsland. Kein Wunder, dass da viele Deutsche meinen, die Spanier gut zu kennen. Sie sind lauter, sie lieben ihre Siesta, sie essen üppiger und Fußball spielen sie einfach besser. Nein, wir möchten hier keine Klischees untersuchen – wichtig ist nur die deutsche Vergleichsform mit der Nachsilbe „-er". Wie das im Spanischen geht, frischen wir in diesem Kapitel auf.

160 Lugares comunes[1]

Formulieren Sie Vergleiche nach den Angaben – und den üblichen Klischees über die Bewohner verschiedener Länder. Verwenden Sie dabei *más* oder *menos* und vergessen Sie nicht, das Adjektiv anzugleichen.

1. españoles / alegre / alemanes
   Los españoles son más alegres que los alemanes.
2. alemanes / organizado / italianos
   ____
3. alemanes / perezoso / españoles
   ____
4. señoras españolas / guapo / señoras inglesas
   ____
5. hombre alemán / apasionado / hombre español
   ____
6. mujer francesa / elegante / mujer holandesa
   ____

[1] lugar común *m* = Gemeinplatz

> ! Diplomatisch veranlagte Menschen wählen oft Vergleiche mit „so ... wie" (*tan ... como*). Mehr dazu in Übung 167.

161 ¡Ojalá que no estés peor!

In welchen Satz passt welche Vergleichsform? Wählen Sie jeweils die richtige aus und passen Sie auch die Endung an.

menor • superior • mayor • mejor • inferior • peor

1. Un colega tuyo me dijo que te han ofrecido un puesto ____________. ¡Felicidades!
2. La infraestructura en el campo es siempre ____________ que en la ciudad.
3. Marisa y Teresa son ____________ que Blanca, que ya ha cumplido 20 años. Sin embargo, como es tan alegre, nadie diría que es la hermana ____________.
4. Estamos seguros de que la calidad de la carne de animales de cría a gran escala[1] es ____________.
5. Pasan el invierno en Tenerife porque el clima de la isla es ____________.

[1] de cría a gran escala = aus Massentierhaltung

162 ¿Más o menos, que o de?

Ergänzen Sie die Vergleiche mit *que* oder *de*.

1. ¡Ojalá pronto esté usted mejor ________ hoy!
2. No cree que le paguen más ________ 25 euros por hora.
3. Juan recorrió más kilómetros por año en bicicleta ________ los que nosotros recorrimos en coche.
4. Como tú estás más informado ________ yo, ¿sabes qué equipo ganó el último campeonato mundial de fútbol?
5. La película fue más divertida ________ lo esperado.
6. En el interior del país vive menos gente ________ en la costa.

163 El tren más rápido de España

Geben Sie den relativen Superlativ an und verbinden Sie.

1. Este pollo es (rico) ______________________
2. Estas playas son (limpio) ______________________
3. Esta película es (divertido) ______________________
4. Estos chicos son (simpáticos) ______________________

a. que he visto desde hace mucho tiempo.
b. que conozco.
c. que he comido en mi vida.
d. de toda la isla.

1.	2.	3.	4.

164 En el país de las mil maravillas[1] todo es buenísimo

Ergänzen Sie mit dem absoluten Superlativ des Adjektivs.

En el país de las mil maravillas...

1. ... las playas son muy **largas**. Son ______________________.
2. ... el agua de los lagos es muy **clara**. Es ______________________.
3. ... la nieve es muy **blanca**. Es ______________________.
4. ... la gente es muy **amable**. Es ______________________.
5. ... los pueblos son muy **limpios**. Son ______________________.
6. ... las frutas son muy **dulces**. Son ______________________.
7. ... todos son muy **felices**. Son ______________________.
8. ... los hombres son muy **fuertes**. Son ______________________.

[1] país de las mil maravillas *m* = Schlaraffenland

> **!** Das mit *-ísimo* funktioniert übrigens auch bei Adverbien: *Corre muy lentamente. Corre lentísimamente.*

165 ¡Buenísimo!

1. ◆ Glückwunsch! Du hast die beste Prüfung von allen geschrieben.

   ____

2. ● Ja, sie ist besser als ich erwartet hätte.

   ____

3. ◆ Aber die anderen haben viel weniger gelernt als du.

   ____

4. ● Nein, das stimmt nicht. Ich habe nicht mehr als 3 Stunden am Tag gelernt.

   ____

5. ◆ Trotzdem, dein Ergebnis ist besser als das der anderen. Super!

   ____

166 ¡Un poco más rápido, por favor!

Bilden Sie Vergleiche mit dem Adverb in Klammern.

1. Canta (bien) ______________ que su hermana.
2. Se viaja (cómodamente) ______________ en tren que en coche.
3. Creo que tu jefe sabe (poco) ______________ de informática que tú.
4. Mi abuelo oye (mal) ______________ desde hace un tiempo.
5. A mí me gustan (mucho) ______________ las flores que el chocolate. ¿Y a ti?

167 Tan comunicativo como tú

Ergänzen Sie mit den fehlenden Formen.

tan (3 x) • tanto (1 x) • tantas (1 x) • tantos (1 x)

Juan
1. no escribe ___________ mensajitos SMS como
2. tiene un teléfono inteligente ___________ avanzado[1] como el de
3. no chatea ___________ como
4. no está registrado en ___________ redes sociales como
5. no es ___________ adicto a la mensajería instantánea como
6. no escribe ___________ rápido como

Juana

[1] avanzado = hier: technisch fortgeschritten

168 Igual que yo

Bringen Sie die Wortgruppen in die richtige Reihenfolge.

1. habla / su padre / que / igual / Juan

   ____

2. Tengo / el curso pasado / la misma / de español / que / profesora

   ____

3. aquella cantante / de / Cantas / bien / que / de ópera / igual

   ____

4. yo / tiene / los mismos / que / Mi mejor amiga / intereses

   ____

5. en un barrio / igual / Vivimos / el vuestro / tranquilo / de / que

   ____

169 Lo mejor...

Übersetzen Sie. Achten Sie auf die unterschiedliche Wiedergabe des Superlativs.

1. Mein Freund hat am meisten von allen getrunken.

2. Das ist der Film, der mich am wenigsten interessiert.

3. Er ist am schnellsten gelaufen.

4. Welcher Pulli gefällt dir am besten?

5. Am besten warten wir ein bisschen.

6. Wandern mag ich am wenigsten.

! Es hilft, wenn Sie ein bisschen um die Ecke denken. Denn in manchen Fällen braucht man eine völlig andere Formulierung. Häufig werden deutsche Superlative wie „am meisten" und „am besten" mit einem Relativsatz ins Spanische übersetzt.

8. Pronomen & Co.

8.1 Die Alleskönner
Personalpronomen

8.2 Alles ist relativ?
Relativpronomen

8.3 ¿Hay alguien?
Indefinita

8.4 Darf ich Sie etwas fragen?
Fragewörter

8

8.1 Die Alleskönner

Personalpronomen

Manchmal zeigen sie sich nur schüchtern und bleiben diskret im Hintergrund. Ein anderes Mal treten sie wie eine Diva schrill und laut auf der Sprachbühne auf. Wovon ist die Rede? Na klar, von unseren wendigen Personalpronomen!

170 Mejor sin

Setzen Sie eine Klammer um die Subjektpronomen, die nicht benötigt werden.

1. ◆ ¿Qué idiomas habláis vosotros?
   ● Pues, aparte del alemán, que es nuestra lengua materna[1], yo hablo inglés y un poco de español y mi marido además italiano.
2. ◆ Nosotros somos de Zúrich, ¿y vosotras?
   ● Nosotras somos de Múnich, pero ahora nosotras vivimos en Hamburgo.
3. ◆ Andrés, ¿tú sabes cómo funciona este cañón de proyección[2]?
   ● ¿Por qué tú me preguntas a mí? ¡Tú eres el experto! Si tú no lo sabes, ¿cómo quieres que yo lo sepa?
4. ◆ ¿Qué hacen vuestros nuevos vecinos?
   ● Él es periodista y ella es fotógrafa.
5. ◆ ¿Dónde pasó Ud. las vacaciones, Sra. Rodríguez?
   ● La primera semana yo hice una gira[3] por Yucatán y luego yo estuve otra semana en Acapulco.

[1] lengua materna *f* = Muttersprache
[2] cañón de proyección *m* = Beamer
[3] gira *f* = Rundreise

171 ¿Lo tenemos todo?

Diese Frage stellt sich kurz vor der Abreise in den Strandurlaub. Ergänzen Sie jeweils die Antwort mit dem passenden Objektpronomen.

1. ◆ ¿Tenemos el parasol? ● Sí, ________ tenemos.
2. ◆ ¿Y mi toalla de playa? ● Claro, ________ he puesto en aquella maleta.
3. ◆ ¿Dónde has puesto el mapa de carreteras? ● ¿No ________ ves? Está sobre tu asiento.
4. ◆ Y los niños, ¿tienen sus juguetes? ● Creo que ________ han puesto en sus mochilas.
5. ◆ ¿Y los bocadillos y bebidas para el viaje? ● Todavía están en la cocina, pero ya ________ he preparado.
6. ◆ No encuentro mis gafas de sol. ● Mira, ¡ ________ tienes puestas!

172 La paella, la...

Nun verraten Sie uns mal: wer hat was zum Büfett beigesteuert?

Los pinchos[1] • Las albóndigas[2] • El pastel • La tortilla • El pollo

1. ________________ de patatas, la prepara Teresa.
2. ________________ de carne y verdura, los prepara Carlos.
3. ________________ frito, lo prepara Juan.
4. ________________, las prepara Marisa.
5. ________________ de chocolate, lo prepara Ramón.

[1] pincho *m* = (Fleisch-, Gemüse-)Spieß
[2] albóndiga *f* = Hackfleischbällchen

> ! Wiederholen schadet nicht! Das gilt für Grammatik – und für direkte Objekte am Satzanfang: Sie werden mit dem entsprechenden direkten Objektpronomen noch einmal aufgenommen.

173 Le regala rosas a su vecina...

Ergänzen Sie mit dem unbetonten indirekten Objektpronomen.

1. Jaime no sabe manejar el dinero[1]. ¡Nunca _________ dejaría ni un céntimo!
2. Creo que todavía no _________ he mostrado las fotos de nuestro viaje a Australia. ¿Queréis verlas ahora mismo?
3. Señores, ahora _________ voy a explicar a Uds. qué es la energía eólica[2].
4. Siempre leo sus blogs. _________ interesan mucho.
5. Antonio, escucha bien, es que no _________ lo diré una segunda vez.
6. A Isabel y a Laura _________ gusta mucho la literatura. Por eso todos los años van a Fráncfort a la Feria del Libro.

[1] manejar el dinero = mit Geld umgehen
[2] energía eólica *f* = Windenergie

174 Sí, se lo doy

Pronomen helfen, sich kurz und knapp auszudrücken. So wie im Beispiel.

1. Nos regalaron entradas para el teatro.
   Nos las regalaron.
2. Claro que les dejo el coche nuevo a mis amigos.
   ____
3. ¿Creéis que os dijeron la verdad?
   ____
4. Le regaló la muñeca a su nieta.
   ____
5. ¿Me das tu diccionario, por favor?
   ____
6. Sí, claro, le traduzco estos documentos a Ud.
   ____

175 ¿Te interesa o no?

Übersetzen Sie.

1. Hast du ihr das Buch schon zurückgegeben?

   ¿ ____?

2. Interessiert es ihn überhaupt nicht?

   ¿ ____?

3. Was ratet ihr uns?

   ¿ ____?

4. Haben sie es euch schon erzählt?

   ¿ ____?

5. Ein schönes Hotel! Hat man es Ihnen im Reisebüro empfohlen?

   ¡ ____!

6. Wann hat sie dir das Foto gezeigt?

   ¿ ____?

7. Warum hat die Polizei nur mir einen Strafzettel gegeben?

   ¿ ____?

Natürlich interessieren die Objektpronomen Sie brennend! Deswegen wissen Sie auch: Anders als im Deutschen steht bei *interesar* das indirekte Objektpronomen.

176 A ella no, y a él tampoco...

Ergänzen Sie die betonten indirekten Objektpronomen und reagieren Sie mit Übereinstimmung 🙂 oder Widerspruch ☹.

1. A *mí* ________ me gusta viajar.
   Carlos 🙂: *A Carlos también.* / Marta ☹: *A Marta, no.*
2. A ________ os gustan los animales domésticos, ¿verdad?
   yo 🙂: ________ / mi marido ☹: ________
3. A ________ no le gusta vivir en el campo.
   sus hijos ☹: ________ / su mujer 🙂: ________
4. A ________ no nos gusta ir al cine.
   Ud. ☹: ________ / tú 🙂: ________
5. A ________ les gusta mucho la música clásica.
   ellas 🙂: ________ / nosotros ☹: ________

177 Hay un lugar para todo

Bringen Sie die Wortgruppen in die richtige Reihenfolge. In einigen Sätzen gibt es zwei Möglichkeiten. Geben Sie beide an.

1. comprar de fresa me otro helado puedo
   ¿________?
2. siempre sus CDs se deja los a sus amigos
   ____
3. a mi jefe ya he enviado le mi dimisión
   ____
4. escuchando por qué estás no me
   ¿________?

> **!** Reine Geschmackssache: Hängen Sie die Objektpronomen an den Infinitv bzw. das Gerundium an, oder stellen Sie sie vor das Verb. Beides ist möglich.

8.2 Alles ist relativ?

Relativpronomen

Glaubt man Einsteins Relativitätstheorie, ist alles relativ. Aber unsere Relativpronomen sind felsenfest und müssen es auch sein, denn sie halten ganze Satzgefüge zusammen. Also ohne sie keine Sprache, ohne Sprache keine Relativitätstheorie!

178 Vivimos en la casa que...

Ergänzen Sie das Relativpronomen und verbinden Sie die Satzteile zu sinnvollen Sätzen.

1. No me gustó la película	a. ______ recomendaron en la revista literaria?
2. El señor	b. ______ está aparcado delante de nuestro garaje?
3. Comemos solo alimentos	c. ______ vimos anoche.
4. ¿Ya has leído el libro	d. ______ saben tocar un instrumento.
5. ¿Conoces a los jóvenes	e. ______ son de cultivo orgánico[1].
6. ¿De quién es el coche	f. ______ ves allí es mi tío.
7. Admiro a las personas	g. ______ están allí en la esquina?

[1] cultivo orgánico *m* = biologischer Anbau

1.	2.	3.	4.	5.	6.	7.

! In den allermeisten Fällen liegen Sie mit *que* ganz richtig. Doch wer richtig gut Spanisch sprechen will, sollte auch wissen, wann man besser *quien* oder *quienes* verwendet.

179 ¡Eres la mujer sin la que nunca podría vivir!

Wählen Sie für die Lücke das passende Relativpronomen aus.

para el que • donde • lo que • con quien
cuando • delante de la que

1. Vivimos en la casa ________________ hay un pequeño jardín de rosas.
2. ¿Quién era el chico ________________ bailaste anoche?
3. El hotel ________________ nos alojamos estaba muy cerca del río.
4. ¿Recuerdas la época ________________ nos conocimos?
5. El señor ________________ hice café es mi jefe.
6. Por favor, ¿podrías repetir ________________ acabas de decir?

180 Por cuya causa[1]

Ergänzen Sie mit *cuyo* – in der richtigen Form.

1. ¿Cómo se llama la pintora ________________ cuadros tanto te gustan?
2. "El Quijote" comienza así: "En un lugar de La Mancha, de ________________ nombre no quiero acordarme..."
3. Cerraron el bar ________________ cocinera ahora trabaja en un restaurante de tres estrellas.
4. No sé cómo se llama este árbol ________________ frutas son rojas y ovales.
5. Este tío ________________ foto se ve en ese cartel, ¿no es tu exnovio?

[1] por cuya causa = weshalb

8.3 ¿Hay alguien?

Indefinita

Auch wenn Sie mal nicht mit Bestimmtheit sagen können, um wen oder was es geht, muss Ihnen das nicht gleich die Sprache verschlagen. Denn es gibt diese kleinen unbestimmten Wörtchen – die Indefinita –, die Ihnen gerne zu Hilfe eilen. Also zieren Sie sich nicht, diese Hilfe bereitwillig anzunehmen.

181 No, no hay nadie

Algo **oder** ***nada*****,** ***alguien*** **oder** ***nadie*****,** ***alguno*** **oder** ***ninguno*****? Ergänzen Sie die Dialoge mit dem passenden Wort in der richtigen Form.**

1. ◆ ¿Quieres ____________ para comer?
   ● Sí, no he desayunado ____________ hoy.
2. ◆ ¿Por qué estás sin ganas hoy?
   ● ¿Tú tienes ____________ idea de lo que podríamos hacer con esta lluvia?
3. ◆ A la hora del almuerzo no hay ____________ persona en el restaurante nuevo.
   ● ¿Esto te extraña? ¿Has visto los precios del menú?
4. ◆ ¿ ____________ ha llamado mientras estaba fuera?
   ● No, yo estaba aquí y ____________ ha llamado.
5. ◆ Ya he estado en ____________ conciertos y...
   ● ...y – ya lo sé – ____________ cantante te ha gustado tanto como Zucchero.

182 Todo el santo día[1]

Übersetzen Sie den Ausdruck in der Klammer.

1. Has trabajado ____________ (den ganzen Morgen) en el jardín. Te mereces[2] un descanso.
2. ¡Me siento fatal! No he pegado ojo en ____________ (die ganze Nacht).
3. Es una gran autora y me gustan ____________ (alle Romane) que ha escrito.
4. Es panadero y tiene que levantarse ____________ (jeden Tag) a las tres. ¡No me extraña que los domingos pase casi ____________ (den ganzen Tag) en la cama.
5. En verano mi amiga y yo vamos ____________ (jeden Nachmittag) con los niños a la piscina.

[1] todo el santo día = den lieben langen Tag
[2] merecerse = sich verdienen

183 Ninguno de estos días

Bringen Sie die Wortgruppen in die richtige Reihenfolge.

1. de vosotros ha Ninguno le ayudado

   ____

2. que hacer sabe Cada una tiene lo que de ellas

   ____

3. su hija para Navidad los años viene Todos

   ____

4. en el centro con has encontrado Te alguien

   ¿____?

5. dirán Estoy seguro os día que algún la verdad de

   ____

8.4 Darf ich Sie etwas fragen?

Fragewörter

Wozu dient das umgekehrte Fragezeichen am Beginn einer spanischen Frage? Will man sie damit rein äußerlich schon als Frage erkennbar machen, bevor sie überhaupt gestellt wird? Auf diese beiden Fragen werden Sie wohl nie eine zufriedenstellende Antwort erhalten. Beschränken wir uns also hier darauf, Fragen richtig zu stellen, um als Antwort das zu erfahren, was wir wissen möchten.

184 ¡No seas tan curioso!

Stellen Sie die Frage, die jeweils zur Antwort passt. Die Gesprächspartner duzen sich.

1. ◆ ¿____________________?
   ● Me llamo Luisa.
2. ◆ ¿____________________?
   ● Soy de Bilbao.
3. ◆ ¿____________________?
   ● Tengo 34 años.
4. ◆ ¿____________________?
   ● No, pero tengo novio.
5. ◆ ¿____________________?
   ● Trabajo en un laboratorio.
6. ◆ ¿____________________?
   ● Tengo que controlar alimentos.
7. ◆ ¿____________________?
   ● Empiezo a trabajar a las nueve.
8. ◆ ¿____________________?
   ● Mi jefe es un señor mayor.
9. ◆ ¿____________________?
   ● Los fines de semana voy a la montaña.
10. ◆ ¿____________________?
    ● Voy a la montaña porque me gusta hacer senderismo.

> **!** Die Fragezeichen am Anfang und Ende der Frage haben wir für Sie schon gesetzt. An die Akzente, die auf den Fragepronomen niemals fehlen dürfen, haben Sie hoffentlich selbst gedacht?

185 ¿Cuál quieres?

Fragen Sie mit *qué*, *cuál* oder *cuáles*.

1. ◆ ¿Tienes algún libro interesante para mí?
   ● Sí, mira, tengo algunos aquí. ¿________ no has leído?
   ◆ No he leído ninguno de estos. ¿ ________ libro me recomendarías?
2. ◆ ¿ ________ bocadillo tomas tú, el de jamón o el de queso?
   ● ¿ ________ de los dos quieres tú?
3. ◆ ¿ ________ tipo de contrato vas a hacer para tu móvil?
   ● Me ofrecieron uno con tarifa plana[1] y otro con tarjeta de prepago[2].
   ¿ ________ me recomiendas?
   ◆ No sé. Depende de tus necesidades y del número de llamadas que hagas.

[1] tarifa plana *f* = Flatrate
[2] tarjeta de prepago *f* = Prepaid-Karte

> ! Ein kleiner Tipp: Vor einem Substantiv kann nur *qué* stehen.

9. Präpositionen

9.1 **Wo denn nun – in oder auf?**
Die einfachen Präpositionen

9.2 **Im Doppelpack**
Die zusammengesetzten Präpositionen

9.3 **Achtung: Verwechslungsgefahr!**
Eine Präposition im Deutschen, zwei im Spanischen

9

9.1 Wo denn nun – in oder auf?

Die einfachen Präpositionen

Mit dem Drahtesel kommt man *en bicicleta* und mit dem Pferd *a caballo*. Man geht ins Büro – *a la oficina*, aber nach Hause – *a casa*. Wenn Ihnen vor lauter „in", „auf", „über", „neben", „links" und „rechts" der Kopf schwirrt, verschaffen diese Übungen wieder klarere Sicht.

186 ¿Adónde vas?

Ergänzen Sie mit den Präpositionen *a* und *en*. Achtung: *a + el = al*.

1. ◆ ¿Tienes tiempo para ir conmigo ___ el centro comercial nuevo? Es que necesito una chaqueta.
   ● Sí, con mucho gusto. Hasta ahora no he estado allí.
   ◆ ¿Y cómo vamos?
   ● ___ metro. Hay una estación directamente al lado de la entrada.
2. ◆ Cuando viajáis ___ Italia en verano, ¿vais ___ avión o ___ coche?
   ● Siempre vamos ___ coche. Es más práctico, con todas las cosas que necesitamos para ir ___ la playa.
3. ◆ Sra. Jiménez, ¿ha estado alguna vez ___ la ópera de Viena?
   ● No, ___ la ópera no. Pero pasamos las últimas vacaciones ___ un pueblo cerca de Viena, y una noche fuimos ___ el teatro.
4. ◆ ¿Cómo dices que fuiste ___ el trabajo? ¿ ___ pie? ¡Pero está lejos!
   ● Normalmente voy ___ bicicleta. Pero ayer tuve un pinchazo.
5. ◆ Te llamaré mañana después de volver ___ casa.
   ● Vale. Estaré ___ casa toda la noche.

> ! „Wohin?" geht man mit *a*, „wo?" ist man mit *en*. Wenn man sich nicht gerade zu Fuß (*a pie*) oder hoch zu Ross (*a caballo*) fortbewegt, ist man immer mit *en* (*en coche*) unterwegs.

187 Un poco más de *a* y *en*, por favor

Zu *a* und *en* darf's gern ein bisschen mehr sein? Dann übersetzen Sie.

1. Antes escribía cartas (mit der Hand) ________________, ahora las escribo (auf dem Computer) ________________.
2. ¿Cómo se dice (auf Deutsch) ________________ "portátil"? – "Laptop".
3. Mi comida preferida es la paella (nach Valencia-Art) ________________.
4. ¿(Den Wievielten haben wir) ________________ hoy, a dos o tres de abril?
5. ¿(Was hast du gesagt, was kosten) ________________ las manzanas hoy, a 2 euros el kilo?
6. ¡Para comer, siéntate (an den Tisch) ________________, no (auf den Tisch) ________________.

> ! Nicht immer gibt es für *a* und *en* eine Regel. Manche Wendungen prägt man sich am besten „am Stück" ein, dann muss man nicht lang nach der richtigen Präposition suchen.

188 Vimos a su novio con otra...

Ergänzen Sie mit der Präposition *a*, wo diese benötigt wird.

1. Primero visitamos ___ el museo, luego nos encontramos ___ un amigo, por sorpresa.
2. Buscan ___ una secretaria que hable chino y ruso.
3. ¿ ___ quién le regalaron un viaje al Caribe? ¿ ___ el director del banco y su mujer?
4. ¿Ya has llamado ___ tu abuela? Es su cumpleaños hoy.
5. Saca ___ su perro cinco veces al día. ¡Cómo lo quiere!

189 ¿Cuándo dices que vienes?

Pünktlichkeit gilt als deutsche Eigenschaft, doch die richtige Präposition bei Zeitangaben ist auch in Spanien wichtig. Ergänzen Sie.

1. um acht Uhr morgens ____ las ocho de la mañana
2. am Nachmittag ____ la tarde
3. tagsüber ____ día
4. gegen 20 Uhr ____ las ocho de la noche
5. einmal pro Woche una vez ____ la semana
6. im Mai ____ mayo
7. im Herbst ____ otoño
8. 2019 ____ 2019

> ! In Lateinamerika ticken die Uhren anders: Tageszeiten gibt man dort nicht mit *por*, sondern mit *en* an: *en la mañana / tarde / noche*.

190 El señor de la barba

Ordnen Sie die Wortgruppen und fügen Sie die fehlende Präposition *de* an der richtigen Stelle ein. In einigen Sätzen fehlt *de* mehrmals.

1. son Sus joyas oro puro

   ____

2. en un instituto catalán Mercè da clases idiomas

   ____

3. quién es el bebé el brazo Juana?

   ¿____?

4. África Venden muchos países productos solidarios

   ____

5. Cuántas botellas para la fiesta vino necesitamos

   ¿____?

191 No es para tanto[1]

Ist doch gar nicht so schlimm mit den Präpositionen, oder? Bestimmt können Sie diese Sätze mit dem passenden Ausdruck ergänzen.

para siempre • ni por dinero • por favor • para su edad
por escrito • por eso • por casualidad
para mí • por ejemplo

1. ________________, ¿podría confirmarme esto ________________?
2. ¿Puentismo[2]? No lo haría ________________.
3. ________________ nos dijeron que van a alojarse en el mismo hotel.
4. ¡Ojalá su matrimonio dure ________________!
5. ________________, es más fácil tomar el autobús. Hay una parada enfrente, y ________________ nunca voy en coche.
6. Si tienes tiempo el sábado, podríamos hacer algo juntos, ________________ ir a la montaña o a un lago.
7. ¿No crees que lleva ropa demasiado extravagante ________________?

[1] no ser para tanto = nicht so schlimm sein
[2] puentismo *m* (auch: puenting *m*) = Bungee-Springen

192 Por la mañana, un buen desayuno

Noch einmal: *para* oder *por*? Ergänzen Sie mit dem richtigen Wort.

1. Vivimos en un barrio de bares con mucho ruido ______ la noche.
2. He reservado una mesa ______ cuatro personas ______ las nueve.
3. Los documentos son ______ un cliente. ¿Se los podría enviar ______ mí?
4. Muchas gracias ______ cuidar la casa mientras estaba de vacaciones.
5. Estas pirámides, ¿fueron construidas ______ los mayas?
6. Estudian español ______ viajar por Latinoamérica.
7. Pagué 1400 euros ______ mi bicicleta eléctrica, y ahora las venden ______ 900.

193 Rutinas

Wenn die Präpositionen erst einmal Routine geworden sind ... dann haben Sie's geschafft! Ergänzen Sie die fehlenden Präpositionen.

__________ la mañana me levanto temprano. Desayuno un café __________ leche y me visto __________ ir __________ la oficina. Generalmente voy __________ metro __________ trabajo. Raramente voy __________ coche, ya que hay mucho tráfico __________ horas punta. Cuando llega el buen tiempo, a veces voy __________ pie. Me gusta escapar __________ la rutina. Hoy tengo muchas ganas __________ hacer deporte. Voy __________ trabajar hasta la hora __________ salida y, cuando llegue __________ casa, iré __________ hacer footing[1] __________ el parque __________ mi perro.

[1] hacer footing = joggen

194 Cuando pienso en ti...

Ergänzen Sie die Ausdrücke mit dem passenden Verb und fügen Sie die richtige Präposition hinzu.

acordarse • empezar • hablar • interesarse
llegar • salir • terminar

1. in Madrid ankommen ________________ Madrid
2. aufhören zu spielen ________________ jugar
3. sich an den Film erinnern ________________ la película
4. anfangen zu arbeiten ________________ trabajar
5. sich für Tiere interessieren ________________ los animales
6. nach Spanien abreisen ________________ España
7. über die Arbeit sprechen ________________ el trabajo

9.2 Im Doppelpack

Die zusammengesetzten Präpositionen

Es gibt im Spanischen tatsächlich Präpositionen, die im Doppelpack auftreten – als wenn man nicht schon genug damit zu tun hätte, sich eine einzelne zu merken. Meist handelt es sich um Präpositionen, die angeben, wo sich jemand oder etwas befindet. Dann wollen wir mal Ordnung in das Durcheinander bringen.

195 ¿Tus gafas? ¡Están dentro del frigo[1]!

Hier herrscht das reinste Chaos! Übersetzen Sie.

1. Die Socken liegen unter dem Sofa.

   ____

2. Die Bierflasche steht auf dem Schrank.

   ____

3. Das Handy liegt neben der Bierflasche.

   ____

4. Die Zeitung liegt hinter dem Sessel.

   ____

5. Die leere Kaffeetasse steht links neben dem Sessel.

   ____

6. Die schmutzigen Schuhe stehen vor dem Fenster.

   ____

7. Und die Katze schläft in ihrem Körbchen.

   ____

[1] frigo *m fam* = Kühlschrank

> **!** Tipp: Die meisten Präpositionen, die angeben, wo sich eine Person oder Sache befindet, stehen in Verbindung mit *de* und *a*. Eigentlich hilft hier nur eins: Lernen Sie sie von Anfang an mit.

196 Dentro de poco...

Bald haben Sie die zusammengesetzten Präpositionen im Griff. Ergänzen Sie in den Sätzen, wo nötig, die passende Präposition.

1. La casa donde vivimos está enfrente ______ la iglesia.	de	Ø
2. Llegaremos entre ______ las seis y las siete.	Ø	a
3. El cubo de la basura[1] está al lado ______ la casa.	a	de
4. El hotel está muy cerca ______ la estación.	de	a
5. ¿A qué hora sale el avión ______ Londres?	para	de
6. El asiento junto ______ la ventana, ¿está libre?	de	a
7. La consulta del médico está encima ______ la farmacia.	Ø	de

[1] cubo de la basura *m* = Abfalleimer

197 Tan similar – y diferente

Ergänzen Sie mit dem richtigen Wort.

abajo • bajo • debajo

1. Hola, estoy aquí ______________.
2. Durmieron ______________ de un puente.
3. Muchas cosas son diferentes ______________ el nuevo gobierno.

atrás • detrás • tras

4. Tenía tanta sed que bebió un vaso ______________ otro.
5. Tres pasos ______________, por favor.
6. El niño se había escondido ______________ del sofá.

adelante • ante • delante

7. Son todos iguales ______________ la ley.
8. Mejor ______________ del cine.
9. Reservé sitios más ______________, en la tercera fila.

9.3 Achtung: Verwechslungsgefahr!

Eine Präposition im Deutschen, zwei im Spanischen

Ya estaba delante del cine antes de las seis... (Ich war schon vor sechs vor dem Kino...) – und habe trotzdem keine Karten mehr bekommen. Am richtigen Gebrauch von *delante de* und *antes de*, die auf Deutsch beide mit „vor" übersetzt werden, hat das sicherlich nicht gelegen, obwohl die Gefahr einer Verwechslung groß ist.

198 ¿Después de las ocho detrás del árbol?

Zeitlich oder örtlich? Ergänzen Sie mit dem richtigen Wort.

1. Podríamos plantar un árbol ________________ de la casa.
   ○ antes ○ delante
2. Creo que llegaré ________________ de las seis.
   ○ después ○ detrás
3. Esta es la última gasolinera ________________ de la autopista.
   ○ delante ○ antes
4. ________________ de ese restaurante hay una terraza muy soleada.
   ○ después ○ detrás
5. Nunca empiezo a trabajar ________________ de las diez.
   ○ delante ○ antes
6. Oye, aparqué el coche directamente ________________ del semáforo.
   ○ antes ○ delante

199 Desde hace mucho tiempo...

Übersetzen Sie den Ausdruck in der Klammer mit *desde* oder *desde hace*.

1. ◆ Hola, Carlos. ¿Tú por aquí? No sabía que vivías en este barrio.
   ● Sí, vivo aquí ya (seit drei Jahren) ________________________.
2. ◆ Te veo muy contenta. ¿Qué pasó?
   ● (Seit dem 1. März) ________________________ soy directora del banco.
3. ◆ Mira, ¡qué delgada está Luisa!
   ● No me extraña. Está a régimen[1] (seit sechs Wochen) ________________________.
4. ◆ ¿Cuándo viste a tus hijos por última vez?
   ● No los he visto (seit Weihnachten) ________________________.

[1] estar a régimen = eine Diät machen

200 El tiempo pasa

Wie die Zeit vergeht ... Ergänzen Sie mit dem passenden Ausdruck.

hace... que • desde que • desde • llevo... pensando

Hoy no tengo tiempo para nada. Tengo la agenda llena y voy con prisas a todas partes. Ahora ya tendría que estar en la consulta del médico. Sin embargo, ____________ una hora ____________ estoy en un atasco[1]. ¡Siempre igual! No llego a tiempo a ningún sitio ____________ vivo en esta ciudad. ____________ días ____________ en mudarme a las afueras[2]. ____________ el verano del 2010 no ha cambiado nada: trabajo todo el día y no consigo salir del estrés.

[1] atasco *m* = Verkehrsstau
[2] afueras *f pl* = Vorort

201 Durante las vacaciones...

Ergänzen Sie mit *durante* oder *mientras*.

1. Ayer, ____________ escuchaba música, el CD[1] se rompió.
2. Hasta hace poco estaba prohibido usar el móvil ____________ el vuelo.
3. Es de mala educación jugar por el móvil ____________ se habla con otra persona.
4. ____________ viajábamos por Chile el volcán Villarrica entró en erupción.
5. ____________ el tiempo que trabajó en China aprendió mucho chino.

[1] CD *m* = CD; CD-Spieler

202 Mientras dormías...

Wandeln Sie wie im Beispiel um.

1. Durante las vacaciones fuimos a la playa todos los días.
   Mientras estábamos de vacaciones, ...
2. Durante mi estancia en España hice un curso de español.
   ____
3. No está permitido beber alcohol durante el trabajo.
   ____
4. Durante el tiempo que estuvo en el hospital leyó muchos libros.
   ____
5. Conoció a su mujer durante sus estudios en Buenos Aires.
   ____

! *Mientras dormías.* (Während du schliefst.) Mit diesem Filmtitel kann man es sich leicht merken: *Mientras* leitet einen Nebensatz ein, also steht *durante* vor einem Substantiv. Mehr zum Gebrauch der Konjunktion *mientras* in Übung 260.

10. Verben

10.1 **Sein oder nicht sein**
Die Verben estar, ser und hay

10.2 **Reine Formsache**
Reflexive Verben

10.3 **Auf Beugen und Brechen**
Verbkonjugationen

10.4 **Die Mischung macht's**
Zusammengesetzte Verbformen

10.5 **Niemand ist perfekt**
Pretérito perfecto, pretérito imperfecto, indefinido

10.6 **¿Qué será?**
Das Futur

10.7 **Das Phantom der Verben**
Das gerundio

10.8 **Zu Befehl!**
Der imperativo

10.9 **Nicht nur Tatendrang**
Das Passiv

10.10 **Mit Wenn und Aber**
Der subjuntivo

10.11 **Nie und nimmer!**
Die Verneinung

10.12 **Stille Post**
Indirekte Rede und Zeitenfolge

10.1 Sein oder nicht sein

Die Verben estar, ser und hay

Eigentlich muss man nur genau hinsehen, und schon weiß man, welches dieser Verben man in einem Satz verwenden muss. Trotzdem lässt man sich immer wieder in die Irre führen, und manchmal tritt man sogar ins Fettnäpfchen. Also Augen auf (!) und durch!

203 ¿Me ves? ¡Estoy aquí!

Hay **oder** ***estar*****? Wählen Sie das richtige Verb und ergänzen Sie.**

1. ¿Sabes si ___________ un dentista por aquí cerca? Es que desde hace dos días me duele una muela.	hay	está
2. Nuestra casa no ___________ lejos del bosque. Es muy práctico para correr.	está	hay
3. ___________ mucha gente en el concierto porque todos querían ver al guitarrista.	estaba	había
4. En este coche solo ___________ sitio para cuatro, así que nos hacen falta dos para toda la familia.	hay	está
5. ¿Dónde ___________ el monumento de la foto? Creo que lo conozco.	está	hay
6. ¿Sabes dónde ___________ mis llaves del coche? No las encuentro.	hay	están
7. ¿Cuándo ___________ por última vez en el teatro? Antes íbais una vez al mes.	hubisteis	estuvisteis
8. En esta ciudad ___________ bares, restaurantes, cines... ¿Adónde te gustaría ir?	hay	está

204 ¡Ya son las once y todavía estás aquí!

***Estar* oder *ser*? Ergänzen Sie das passende Verb in der richtigen Form.**

1. ◆ Juana, ¿cómo __________?
   ● Gracias, __________ bien.
2. ◆ Yo nunca he __________ en el Caribe. ¿Y vosotros?
   ● __________ allí el año pasado.
3. ◆ Este pañuelo, ¿ __________ tuyo? Me gusta mucho.
   ● Sí, __________ muy bonito, ¿verdad?
4. ◆ Jão __________ de Brasil. __________ brasileño.
   ● ¿Y en qué trabaja?
   ◆ __________ profesor. Da clases de brasileño en la universidad.
5. ◆ Tus padres, ¿hace muchos años que __________ casados?
   ● Sí, __________ casados desde hace 24 años.
   ◆ Entonces el año que viene __________ sus bodas de plata, ¿verdad?
6. ◆ ¿Qué hora __________?
   ● __________ las siete y media.
7. ◆ ¿Cuántos empleados __________ en la empresa?
   ◆ Normalmente __________ cinco. Pero hoy hemos __________ solo mi compañera María y yo.
8. ◆ ¿A cuántos kilómetros __________ vuestra casa del centro de la ciudad?
   ● __________ muy cerca. Solo __________ 3 kilómetros.
9. ◆ ¿Dónde __________ la conferencia?
   ● Creo que en la sala grande. __________ en la primera planta.

205 Hay parques, museos...

Bringen Sie die Wortgruppen in die richtige Reihenfolge. In jedem Satz ist ein Verb zu viel. Streichen Sie es durch.

1. Museo del Prado / obras / En el / hay / de grandes / son / pintores

   ____

2. hay / cerca / El museo / del / está / Parque del Retiro

   ____

3. un lago / es / En el / artificial / hay / parque

   ____

4. una / del parque / las atracciones / está / El lago / es / de

   ____

5. otros museos / también / están / muchos / Hay / en Madrid

   ____

206 ¡Qué dulce está el café!

Brauchen Sie in den Sätzen *ser* oder *estar*? Unterstreichen Sie das richtige Verb.

1. Me encantan las sopas, pero esta (es / está) salada.
2. Marta no (es / está) morena de piel, pero en verano (es / está) muy morena.
3. El café (era / estaba) muy fuerte. Por eso no has dormido bien.
4. Mi abuela (es / está) bastante joven para su edad.
5. ¡Uy, qué fría (es / está) el agua del río! Creo que no voy a nadar.
6. Las habitaciones del hotel (eran / estaban) muy sucias.
7. ¡Ah, las tartas de crema y chocolate! ¡(Son / Están) dulcísimas!

207 ¿Estás loco?

Übersetzen Sie die Sätze in der Klammer. In jedem Satzpaar benötigen Sie einmal *estar* und einmal *ser*.

1. a. No me gusta salir con Gustavo. (Er ist langweilig.)

   ____

   b. (Jorge, langweilst du dich?) Vamos a jugar al ajedrez.

   ____

2. a. Ya son las diez y (die Kinder sind noch immer wach).

   ____

   b. (Carlitos ist sehr aufgeweckt.) Siempre tiene buenas notas.

   ____

3. a. ¿Has hecho la paella tú misma? (Sie ist wahnsinnig lecker!)

   ____

   b. (Er ist nicht sehr reich.) Pero dice que no necesita más.

   ____

4. a. Ha sido un día duro. (Jetzt bin ich sehr müde.)

   ____

   b. No quiero seguir escuchando. (Es ist sehr ermüdend.)

   ____

5. a. Seguro que Joaquín logra lo que quiere. (Er ist sehr clever.)

   ____

   b. (Bist du fertig fürs Theater?) Venga, date prisa, que nos vamos.

   ____

> ! Vorsicht! Schon beim kleinsten Fehlgriff tappt man ins Fettnäpfchen!
> *Eres guapa.* = Du bist (von Natur aus) hübsch. ⟷ *Estás guapa.* =
> Du bist (heute aber) hübsch.

10.2 Reine Formsache

Reflexive Verben

Der erste Eindruck zählt – auch in Spanien. Das fängt schon bei der Vorstellung an: Auf die Frage nach Ihrem Namen sollten Sie *Me llamo...* antworten und nicht nur *Llamo...* Anders als das deutsche „heißen" ist das spanische *llamarse* reflexiv. In diesem Kapitel halten die reflexiven Verben noch weitere Tücken für Sie bereit.

208 Me despierto...

Beim morgendlichen Ritual ist vieles reflexiv. Ergänzen Sie mit dem passenden Verb in der richtigen Form.

acostarse (2x) • afeitarse (3x) • despertarse (2x) • ducharse (1x) levantarse (4x) • peinarse (2x) • vestirse (1x)

1. ◆ Jaime, ¿a qué hora ____________________?
   ● Pues, cuando suena el despertador ____________________. Luego ____________________, voy al baño para ____________________ y ____________________. Pero hoy ____________________ más tarde.
2. ◆ ¿ ____________________ todas las mañanas?
   ● Hay gente que ____________________ todos los días. A mí me gusta la barba de tres días así que ____________________ cada tres días.
3. ◆ Tienes el pelo bastante largo. ¿Necesitas mucho tiempo para ____________________?
   ● ¡Qué va! Pero mi novia tiene el pelo rizado y largo y siempre ____________________ durante horas.
4. ◆ Dices que ____________________ alrededor de las seis. Entonces, ¿a qué hora ____________________?
   ● Normalmente no ____________________ más tarde de las once porque – ya sabes – tengo que ____________________ pronto.

209 Me despierto yo y luego te despierto a ti

Sie werden wach, wenn der Wecker läutet, und wecken dann Ihre Kinder. Ergänzen Sie, wo nötig, das Reflexivpronomen.

1. En la estación hay un banco donde ______ cambiamos dinero.
2. Mi padre ______ llama José, pero todos ______ lo llaman Pepe.
3. ¿Es verdad que Marta ______ lava, ______ peina y ______ viste a su hija? Mi hija ya ______ lava, ______ peina y ______ viste sola.
4. Estaba tan cansada que ______ acosté sin limpiar______ los dientes.
5. ¿Tú puedes levantar ______ este paquete? Pesa mucho.
6. ______ despidieron a su jefe con una gran fiesta.
7. ¿No ______ cambias de ropa antes de salir?

210 Esta falda, ¿me la puedo probar?

Ergänzen Sie mit dem passenden Verb.

te has comido • se me ha dormido • tomarnos • se ha olvidado
nos hemos perdido • se fumó • perdí • fuma

1. Espera un momento, __________________ la pierna.
2. Creo que __________________. No conozco esta calle.
3. ¡No me digas que __________________ toda la tortilla!
4. No encuentro mi pañuelo. Quizás lo __________________ en el parque.
5. ¿Vamos a __________________ un café?
6. Dice que ya no __________________. Pero anoche __________________ todo un paquete de cigarrillos.
7. Todavía no ha llegado. Parece que __________________ de la cita.

> **!** Also doch keine reine Formsache! Manche nicht reflexive Verben ändern ihre Bedeutung ein wenig, wenn sie reflexiv gebraucht werden.

211 Necesito un descanso

Spanier ruhen (*descansan*), Deutsche „ruhen sich aus". Übersetzen Sie den Ausdruck in der Klammer und ergänzen Sie in der Liste die spanische Übersetzung.

1. Durante la semana (wir gehen zu Bett) ______________ siempre hacia las once.
2. Dicen que a partir de mañana el tiempo (sich bessern) ______________.
3. Ya no puedo (mich erinnern) ______________ la película.
4. ¿Por qué ella nunca (schweigen) ______________ cuando él empieza a hablar sobre este tema?
5. Los sábados (sie treffen sich) ______________ para jugar al fútbol.
6. ¿Para qué hora (ihr habt euch verabredet) ______________ ?
7. ¿Anoche (er ist geblieben) ______________ en casa?
8. Su estado de salud (hat sich verschlechtert) ______________ desde ayer.
9. ¿Sabes lo que ahora me gustaría hacer? ¡(Relaxen) ______________ en la playa!

deutsch	**español**
1. zu Bett gehen	______________
2. sich bessern	______________
3. sich erinnern	______________
4. schweigen	______________
5. sich treffen	______________
6. sich verabreden	______________
7. bleiben	______________
8. sich verschlechtern	______________
9. relaxen	______________

10.3 Auf Beugen und Brechen

Verbkonjugationen

Ohne Fleiß kein Preis! Sie wollen die spanischen Verbformen meistern? Dann erwartet Sie ein Parcours mit steigendem Schwierigkeitsgrad über die kniffligsten Probleme der spanischen Verbkonjugationen. Die Belohnung kommt am Ende, denn dann werden Sie von sich selbst behaupten können: gebeugt, aber nicht gebrochen!

212 Empiezo a las ocho

Kreuzen Sie die Verben an, die den Stammvokal im *presente de indicativo* in der 1., 2. und 3. Person Singular und in der 3. Person Plural ändern und geben Sie die Verben in der genannten Person an.

1.	sentir	○	yo	______	nosotros	______
2.	recibir	○	él	______	vosotros	______
3.	recomendar	○	tú	______	vosotros	______
4.	comprender	○	yo	______	nosotros	______
5.	entender	○	Ud.	______	nosotros	______
6.	servir	○	tú	______	vosotros	______
7.	mover	○	ella	______	vosotros	______
8.	tocar	○	él	______	nosotros	______
9.	dormir	○	Uds.	______	vosotros	______
10.	jugar	○	yo	______	nosotros	______

! Verben, die ihren Stammvokal ändern, tun das mit solcher Regelmäßigkeit, dass sie schon fast als regelmäßig unregelmäßig durchgehen. Nur *jugar* spielt sein eigenes Spielchen!

213 El miedo nace de la...

Schreiben Sie die richtige Form der angegebenen Verben in die Kästchen. Im schattierten Feld ergibt sich das fehlende Wort für die obige Redensart.

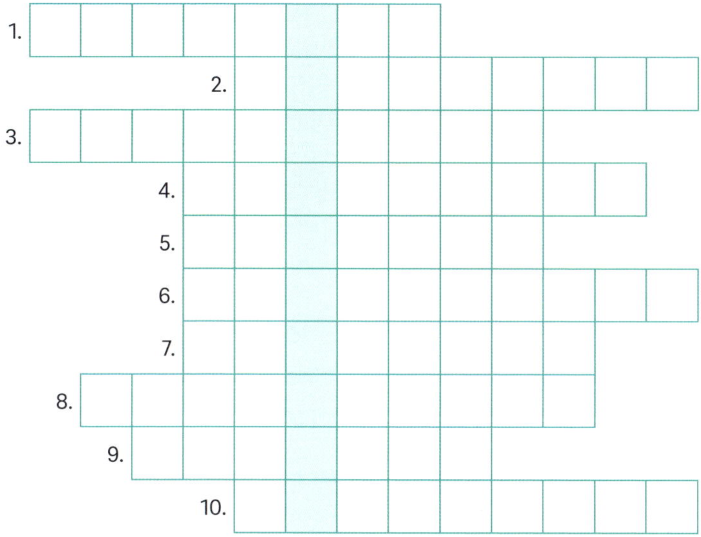

1. reducir / futuro simple: yo ...
2. agradecer / presente: yo ...
3. permanecer / presente de subjuntivo: él ...
4. producir / pretérito imperfecto: Uds. ...
5. carecer / presente: ellas ...
6. traducir / indefinido: nosotros ...
7. conducir / presente: yo ...
8. ofrecer / futuro simple: vosotros ...
9. nacer / indefinido: tú ...
10. parecer / condicional simple: yo ...

! Ins Deutsche übersetzt lautet die Redensart: „Angst entsteht aus Unkenntnis." Angst brauchen Sie nicht zu haben, denn Sie wissen sehr wohl, wie diese Verben konjugiert werden.

214 ¿Cuándo pasó?

Geben Sie den Infinitiv dieser Verben an.

1. almorzasteis ____________________
2. comenzaste ____________________
3. comimos ____________________
4. conduje ____________________
5. construyó ____________________
6. envió ____________________
7. estuvo ____________________
8. fui ____________________
9. leyeron ____________________
10. llegaste ____________________
11. pidieron ____________________
12. perdimos ____________________
13. pude ____________________
14. pusisteis ____________________
15. quisieron ____________________
16. rompí ____________________
17. sirvió ____________________
18. subimos ____________________
19. trajo ____________________
20. volvieron ____________________

215 Lo hiciste todo muy bien

Gut gemacht! Das kann man nach dieser Übung sicher auch von Ihnen sagen. Ergänzen Sie mit der richtigen Form des *indefinido*.

1. Lo (yo – saber) ____________________ por el periódico.
2. (ellos – hacer) hicieron lo que tú les habías dicho.
3. ¿A quién le (vosotros – dar) ____________________ el CD?
4. Carla (preferir) ____________________ la blusa rosa a la blanca.
5. ¿(tú – dormir) ____________________ mejor la noche pasada?
6. Te (nosotros – ver) vistamos anoche en el teatro.
7. ¿(venir) ____________________ Ud. de la fiesta directamente al trabajo?

> **!** In welchen Situationen Sie den *indefinido* benötigen, üben Sie in Kapitel 10.5.

216 Metamorfosis

Folgen Sie den Beispielen und wandeln Sie die Verbform ausschließlich nach der Vorgabe um. Überprüfen Sie Ihre Lösungen am besten jeweils nach sechs Feldern.

SALIDA *harías*	1 *tendrías* Verb *tener*	2 *tendrás* Futuro	3 *tendrá* 3. Pers. Sg.	4 Verb *ir*
15 Verb *vivir*	16 Futuro	17 3. Pers. Plur.	18 Verb *ver*	5 Condicional
14 2. Pers. Plur.	23 Futuro	**LLEGADA** Verb *hacer*	19 Condicional	6 Verb *querer*
13 Verb *haber*	22 Verb *poder*	21 2. Pers. Sg.	20 Verb *saber*	7 Verb *ser*
12 Condicional	11 1. Pers. Plur.	10 Verb *venir*	9 1. Pers. Sg.	8 Futuro

! Joker: Bei unregelmäßigen Verben werden sowohl das *futuro simple* als auch das *condicional simple* vom selben Verbstamm gebildet.

217 Sabía que lo harías

Schreiben Sie auf die Linie, welches Verb mit der Endung *-ía* ein *pretérito imperfecto* (pi) und welches ein *condicional simple* (cs) ist.

____ sabría ____ pensaría ____ haría

____ hacía ____ encontraría ____ seguía ____ tenía

____ pediría ____ tendría ____ prefería ____ habría

____ estaría ____ decía ____ iría ____ traía

____ elegiría ____ crecía

218 ¿Quiere que hable más alto?

Geben Sie die Wörter an, die im *presente de subjuntivo* stehen.

1. come tome vive produje

   ____

2. cuentas vuelvas pidas invitas

   ____

3. conduzca canta beba juega

   ____

4. lavéis corréis toquéis ofrecéis

   ____

5. bailan llaman escriban vendan

   ____

6. fue guste llegue estuve

   ____

7. trabajen devuelven adquieren nacen

   ____

219 Dijeron que les preguntara

Geben Sie das Verb im *imperfecto de subjuntivo* an. Nehmen Sie zur Bildung dieser Form den „Umweg" über die 3. Person Plural Indefinido.

	3. Pers. Pl. Indefinido	Imperfecto de subjuntivo
1. recibo	________	________
2. tenemos	________	________
3. vas	________	________
4. sé	________	________
5. sois	________	________
6. ríen	________	________
7. duerme	________	________

! Sie sehen: Mit dem vorgeschlagenen „Umweg" kommen Sie sicher ans Ziel. Und wenn Sie bisher immer gemeint haben, dass der *imperfecto de subjuntivo* auf *-se-* endet, liegen Sie mit dieser Meinung nicht falsch, denn neben der Bildung mit *-ra-* gibt es auch die Bildung mit *-se-*.

220 Tantas formas…

Geben Sie die Verben in der angegebenen Form und Zeit an.

1. leer: Ud. / indefinido ________
2. ir: tú / pretérito imperfecto ________
3. poner: él / indefinido ________
4. salir: ellas / condicional simple ________
5. escuchar: vosotros / presente de subjuntivo ________
6. corregir: yo / presente ________
7. venir: nosotros / futuro simple ________
8. permitir: vosotros / pretérito imperfecto ________

221 La gran final de los verbos

Ordnen Sie die Verben richtig ein.

Presente de indicativo	Presente de subjuntivo	Pretérito imperfecto	Indefinido	Futuro simple

doy llores sepa tomasteis venís éramos

reconozca di cojo dijeron limpiaremos

probaré lean construyo iba salgo quite

vi perdiste habrá despiertas estabais

vendían beberemos irán murieron construyó

llamabas pondréis prefiramos

10.4 Die Mischung macht's

Zusammengesetzte Verbformen

Und nun zur Bastelstunde! Erstens: Formen Sie Ihre Verben so geschickt, dass das richtige Partizip daraus entsteht. Zweitens: Beschaffen Sie sich das Hilfsverb, damit die Verbindung mit dem Partizip gut hält. Drittens: Geben Sie Ihrem Werk den letzten Schliff, indem Sie weitere Wörter an der richtigen Stelle einbauen. Alles klar? Dann Ärmel hoch und ab ins Verb-Atelier!

222 ¿Jugamos al puzzle de participios?

Mit Ausnahme von drei Verben haben hier alle ein unregelmäßiges *participio*, Partizip Perfekt. Stellen Sie aus den Puzzleteilen *participios* zusammen und ordnen Sie sie den Infinitiven zu. Geben Sie die regelmäßigen Partizipien an.

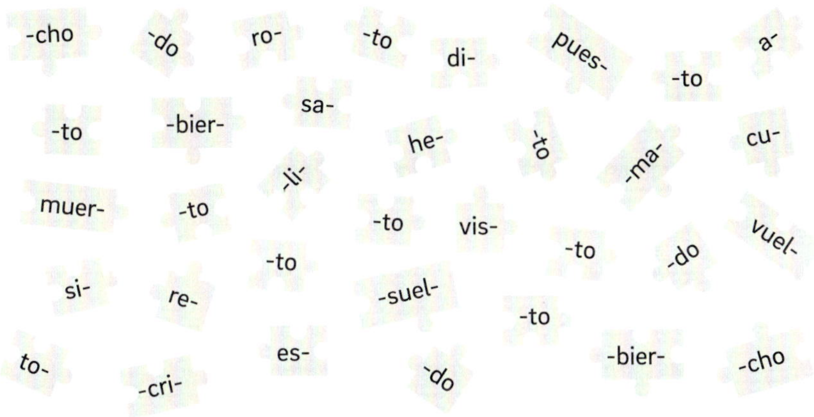

1. abrir ____________
2. cubrir ____________
3. decir ____________
4. escribir ____________
5. hacer ____________
6. morir ____________
7. poner ____________
8. resolver ____________
9. romper ____________
10. salir ____________
11. ser ____________
12. tomar ____________
13. ver ____________
14. volver ____________

223 Normalmente sí, pero hoy...

Manche Tage sind anders als die anderen ... Ergänzen Sie die Sätze.

1. Normalmente me levanto a las siete, pero (hoy / dormir hasta las ocho)
   pero hoy he dormido hasta las ocho.
2. Normalmente desayuno cereales[1], (esta mañana / tomar solo un café con leche)
   ..., pero ______
3. Normalmente salís los sábados por la noche, (este sábado ver un vídeo en casa)
   ..., pero ______
4. Normalmente están de vacaciones en mayo, (este año / trabajar)
   ..., pero ______
5. Normalmente los niños van al colegio, (hoy / no tener clase)
   ..., pero ______
6. Normalmente vas a esquiar a Suiza, (este invierno / esquiar en los Pirineos)
   ..., pero ______
7. Normalmente juega al fútbol los domingos, (este domingo / no jugar)
   ..., pero ______

[1] cereales *m pl* = Müsli

> **!** Das war der zweite Schritt: das Hilfsverb *haber* in der richtigen Form + das *participio* – und fertig ist das *pretérito perfecto*.

224 ¿Lo has hecho ya?

Es gibt immer viel zu tun. Haben Sie schon alles erledigt?

1. ◆ ¿Has lavado los platos ya? ● *No, todavía no los he lavado.*
2. ◆ ¿Has llamado al mecánico ya? ● Sí, __________
3. ◆ ¿Ha escrito Ud. la carta ya? ● No, __________
4. ◆ ¿Han decidido Uds. el asunto ya? ● No, __________
5. ◆ ¿Has hecho los deberes ya? ● Sí, __________

225 ¡Uf, hemos terminado el puzzle!

Bringen Sie die Wortgruppen in die richtige Reihenfolge.

1. regalado / os / Quién / ha / lo

   ¿____________________?
2. o no / No / he / recuerdo / si ya / lo / te / dicho

   ____
3. todavía / Ud. / no / Ibiza / en / estado / nunca / ha / ¿verdad?

   ____
4. explicado / lo que / No / hemos / nos / ha / entendido

   ____
5. amiga mía / venido / una / Esta tarde / ha

   ____

> ! Auch mit dem dritten Schritt hat es geklappt und alles ist an seinem Platz. Bastelstunde beendet! Halt – weiter unten liegen noch ein paar Teilchen. Erst wenn Sie auch mit denen fertig sind, haben Sie alles geschafft.

226 Ya habían llegado

Ergänzen Sie mit dem passenden Verb im *pretérito pluscuamperfecto*.

había estado • habíamos empezado • habían vuelto
había trabajado • había salido • habías visto

1. Cuando empezó la tormenta[1], ya ______________________ a casa.
2. ¿Ya ______________________ la película de la que te hablaron ayer?
3. ______________________ en un atasco[2] y, cuando por fin llegó a la estación, el tren ya ______________________.
4. Como llegasteis una hora y media más tarde, ya ______________________ a comer.
5. ______________________ tanto durante todo el mes, que me pasé las vacaciones durmiendo.

[1] tormenta *f* = Gewitter
[2] atasco *m* = Stau

227 Como siempre – no habías escuchado

Übersetzen Sie mit dem *pretérito perfecto* oder *pretérito pluscuamperfecto*.

1. Warum hast du es nicht gemacht? Ich hatte es dir gesagt.
____
2. Hast du heute schon zu Mittag gegessen?
____
3. In diesem Monat hat er viel gearbeitet, aber er hat nicht mehr verdient.
____
4. Er hatte mir vor dem Meeting eine E-Mail geschrieben. Deshalb wusste ich schon alles.
____

228 Dentro de diez años...

Was wird in zehn Jahren nicht alles geschehen sein? Ergänzen Sie mit der passenden Form des *futuro compuesto*.

Dentro de diez años...

1. ...mis amigos y yo (terminar) ______________ los estudios.
2. ...mi padre (jubilarse) ______________.
3. ...vosotros (comprar) ______________ una casa en el campo.
4. ...tú (escribir) ______________ tu primera novela.
5. ...sus vecinos (mudarse) ______________ a otro lugar.

229 Te habría ayudado, si...

Was wäre gewesen, wenn ...? Setzen Sie das Verb ins *condicional compuesto* und verbinden Sie zu sinnvollen Sätzen.

1. (saber) ______________ que los pilotos estaban de huelga,
2. Si nos hubieras dicho que era tu cumpleaños ayer,
3. Si hubiérais sabido que yo venía a veros,
4. Felipe (aprobar) ______________ el examen

a. no (ir) ______________ a la ciudad, ¿verdad?
b. si hubiera estudiado más.
c. te (enviar) ______________ un ramo de flores por la floristería.
d. si hubieras escuchado la radio.

1.	2.	3.	4.

10.5 Niemand ist perfekt

Pretérito perfecto, pretérito imperfecto, indefinido

Nadie es perfecto... werden Sie sagen, wenn es im Spanischen um die Vergangenheit – oder besser, die Vergangenheiten – geht. Aber vielleicht fällt es Ihnen ja doch nicht so schwer, die richtige Wahl zu treffen. Ein Versuch lohnt sich.

230 Palabras clave

Es gibt Schlüsselwörter, an denen Sie erkennen können, welche Vergangenheitszeit Sie benötigen. Ordnen Sie die Wörter der passenden Zeit zu.

aún • anoche • hace dos años • en 2010
en aquella época • antes • de niño • hoy • todavía no
ayer • esta mañana • durante el día

Pretérito perfecto	Indefinido	Pretérito imperfecto

231 Ayer llovió, hoy no ha llovido

***Pretérito perfecto* oder *indefinido*? Unterstreichen Sie in den Sätzen die jeweils passende Zeitform.**

1. El año pasado (he estado / estuve) de vacaciones en Mallorca.
2. ¿Todavía no (has escrito / escribiste) a tus padres? ¡Pues ya es hora!
3. ¿Alguna vez (has visto / viste) ese programa en la tele?
   Yo lo (he visto / vi) anoche.
4. Hace dos días (me he encontrado / me encontré) a un viejo amigo.
5. En 2014 (he tenido / tuve) una mala racha[1], pero ya va todo mejor.
6. Nunca (he probado / probé) el ceviche[2], pero me gustaría.

[1] mala racha *f* = Pechsträhne
[2] ceviche *m* = typisch peruanisches Rohfischgericht

232 Cuando era niño

Im Vergleich zu heute war früher alles anders. Bringen Sie die Satzanfänge in die richtige Reihenfolge.

1. bosque / niño / jugaba / cuando / era / el / en

   ______________________________,

   ahora trabajo en la ciudad.
2. abuela / preparaba / domingos / la / manzana / tarta / los / de

   ______________________________,

   ahora tengo que cocinar yo.
3. amigos / buscarme / a / venían / mis / a / casa

   ______________________________,

   ahora no tienen tiempo.
4. todo / mejor / antes / era

   ______________________________,

   ahora hay que mejorar.

233 Lo pasado, pasado está

Was vorbei ist, ist vorbei! Aber zuvor verbinden Sie jeweils die linke und die rechte Spalte sinnvoll miteinander.

1. ¿Visteis el musical en Viena?	○ No, en Hamburgo. Hasta ahora nunca hemos estado en Viena.
	○ No, en Hamburgo. Hasta ahora nunca estuvimos en Viena.
2. Compramos las postales ayer,	○ pero todavía no las escribimos.
	○ pero todavía no las hemos escrito.
3. Mientras hablaba por teléfono	○ mis hijos jugaban.
	○ mis hijos jugaron.
4. ¿Has visto a Carlos?	○ Hoy no, anoche sí. Estuvimos en el cine.
	○ Hoy no, anoche sí. Estábamos en el cine.

234 Estaba tan tranquilo y luego llegaste tú

Geben Sie die Verben in der richtigen Form und Zeit an.

1. (yo – volver) ______________ en metro, cuando (yo – ver) ______________ a Luis en el vagón.
2. (nosotros – pasear) ______________ juntos y, de pronto, Marcos (caerse) ______________.
3. Te (yo – llamar) ______________ anoche, pero no (tú – estar) ______________.
4. Como no (ellos – tener) ______________ dinero, no (ellos – ir) ______________ de vacaciones.

> **!** Auf die Frage "Was war?" steht das Verb im *pretérito imperfecto,* auf die Frage "Was geschah?" im *indefinido.*

235 La postal de Maribel

Maribel schreibt eine Postkarte aus ihrem wunderschönen Urlaub. Ergänzen Sie den Text mit den Wörtern aus der Liste.

estaba (2x) • ha estado • estuvimos • vinieron
nos quedamos • nos lo hemos pasado
corría • se llenó • ha hablado • pasamos • llegamos (2x)

Querida Yolanda:

Te escribo desde Cadaqués, donde estamos pasando las vacaciones. ____________ hace dos semanas y ____________ estupendamente hasta ahora.

El fin de semana pasado ____________ en una cala[1] preciosa. ____________ allí a pasar todo el día. ____________ temprano: la playa aún ____________ vacía, ¡increíble! El mar ____________ tranquilo y ____________ una brisa muy agradable. Hacia las diez ____________ los primeros bañistas y la arena ____________ de toallas enseguida. ____________ un día muy bonito on la playa.

Mañana vamos a visitar el Museo Dalí en Figueres. Manuel ____________ allí ya varias veces y me ____________ mucho de él. Seguro que es muy interesante. ¡Ya te contaré!

Un abrazo y hasta pronto,

Maribel

[1] cala *f* = Bucht

10.6 ¿Qué será?

Das Futur

Manchmal würde man gern in die Zukunft sehen können. Doch das geht nicht, und so bleiben einem nur Hoffnungen und Erwartungen, Prognosen und Vermutungen. Darum geht es hier.

236 Vamos a ver...

Der Ausgangssatz steht im *presente de indicativo*. Wandeln Sie ihn in die Konstruktion *ir + a* + Infinitiv und ins *futuro simple* um.

1. El próximo lunes no trabaja.

   ____

   ____

2. En la fiesta sirven también cócteles sin alcohol.

   ____

   ____

3. Durante las vacaciones te acuestas más tarde.

   ____

   ____

4. Cierran el hotel en invierno.

   ____

   ____

5. ¿Nos escribís una postal?

   ____

   ____

237 ¿Saldrás con ella?

Geben Sie den Infinitiv der Verben an, die im *futuro simple* stehen.

1. ¿Mañana lloverá o hará buen tiempo? ______________________
2. Después de hablar con el médico sabremos más. ______________________
3. Conocen bien ese problema y te podrán ayudar. ______________________
4. Seguro que en esta sala cabrán mil personas. ______________________
5. ¿Ya sabéis con cuántas personas vendréis? ______________________
6. Claro que querremos ver a tu amiga de México. ______________________
7. Si construyen la autopista, venderemos la casa. ______________________
8. ¿Ya sabe Ud. dónde pondrá el sillón? ______________________

238 ¿Qué habrá pasado?

Um zu äußern, was Sie vermuten, ergänzen Sie die Dialoge mit der passenden Form des *futuro simple* oder *futuro compuesto*.

1. ◆ Ana siempre llega puntual, pero hoy todavía no está.
   ● Hay mucho tráfico. (estar) ______________________ en un atasco[1].
2. ◆ ¿Por qué no está Juan en la oficina todavía?
   ● No sé. (quedarse dormido) ______________________. Estuvo anoche en una fiesta.
3. ◆ ¿Qué hora es?
   ◆ (ser) ______________________ las tres.
4. ◆ ¿A quién estás esperando?
   ● A mi novio. (olvidarse) ______________________ de la cita.

[1] atasco *m* = Stau

239 De tiempos y horóscopos

Zu Ihrer allmorgendlichen Zeitungslektüre gehören Wettervorhersage und Horoskop? Das können wir Ihnen auch bieten. Ergänzen Sie die Verben bzw. übersetzen Sie die Sätze im *futuro simple*.

El parte meteorológico dice...

1. ...que (tener, nosotros) ________________ un tiempo de perros[1] el próximo fin de semana.
2. ...que (llover) ________________ en la costa.
3. ...que (nevar) ________________ en la sierra.
4. ...que (hacer) ________________ mucho frío en el interior del país.
5. ...que el cielo (estar) ________________ nublado durante el día.
6. ...que no (haber) ________________ noches estrelladas.

[1] tiempo de perros *m* = Sauwetter

Y en el horóscopo de esta semana dicen lo siguiente:

7. (Ich werde eine Reise nach Patagonien gewinnen.)

____

8. (Meine Freundin wird mir ein großartiges Geschenk machen.)

____

9. (Meine Eltern werden ein Haus kaufen.)

____

10. (Ich werde meinen Märchenprinzen finden[1].)

____

10.7 Das Phantom der Verben

Das gerundio

Sie wollen nicht gestört werden, da sie gerade mit etwas sehr Wichtigem beschäftigt sind? Na, dann wollen wir doch mal sehen, wie Sie das dem Störenfried klarmachen. Haben Sie es schon einmal mit dem *gerundio* versucht? Und anschließend probieren Sie aus, wozu das *gerundio* noch alles in der Lage ist.

240 ¿No ves que estoy cenando?

Ergänzen Sie die Dialoge jeweils mit der Verlaufsform (*estar* + *gerundio*) des Verbs in der Klammer.

1. ◆ ¿Podrías abrir la botella de vino? No sé cómo funciona este sacacorchos.
   ● No, ahora no. ¿No ves que (leer) ____________________ el periódico?
2. ◆ Ya son las nueve, hora de cenar.
   ● ¿Podemos cenar media hora más tarde? Ahora mismo (mirar) ____________________ algo interesante en la tele.
3. ◆ ¿El pantalón te queda bien?
   ● Todavía no lo sé. Me lo (probarse) ____________________.
4. ◆ ¿Por qué no quieres que pratique ahora el piano?
   ● Los niños ya (dormir) ____________________.
5. ◆ ¿Carmen no está en la oficina hoy?
   ● Sí, está. Pero (hacer) ____________________ fotocopias.
6. ◆ ¿Por qué no saliste con nosotros anoche?
   ● (estudiar) ____________________ para el examen.

241 Amigos de chat

Setzen Sie die angegebenen Verben ins Präsens oder in die Verlaufsform.

Carlos87: Hola, ¿tú por aquí? ¿Qué (hacer) ______________? No (estudiar) ______________, ¿verdad?

Susi92: No, (navegar) ______________ un poco por Internet. A esta hora ya no (estudiar) ______________

Carlos87: ¿Por qué no (nosotros, hacer) ______________ algo juntos esta noche? Tengo ganas de conocerte. 🙂

Susi92: ¡Me encantaría! 🙂

Carlos87: Tú (vivir) ______________ también en Málaga, ¿no? ¿Qué tal si vamos a tomar unas tapas? 🙂

Susi92: Sí, pero... es que (hacer) ______________ una dieta... Quizás otro día, ¿vale?

Carlos87: Vale. ☹

242 Habla gritando

Verbinden Sie zu sinnvollen Sätzen.

1. Pasamos una noche divertida con los amigos
2. Habiendo trabajado muchas horas en el jardín,
3. Nos lo contó
4. Haciendo tanto drama,
5. Resbaló[1] sobre la nieve y se cayó,

a. nadie va a tomarte en serio.
b. rompiéndose una pierna.
c. tomando copas y charlando.
d. llorando.
e. se echó una siesta en la terraza.

[1] resbalar = ausrutschen

1.	2.	3.	4.	5.

243 Habiéndote llamado...

Formulieren Sie die folgenden Sätze um, indem Sie ein *gerundio* verwenden.

1. Si me lo explicas, te podré dar un consejo.

____

2. Ayer vi a tu tía que charlaba con su vecina.

____

3. ¿Qué museos visitasteis cuando estuvisteis en Madrid?

____

4. Después de volver de la oficina, preparé la cena.

____

10.8 Zu Befehl!

Der imperativo

Das erste Mal kommt viel früher, als einem lieb ist. Den Anfang machen Wendungen wie *¡Perdona!* oder *¡Perdone!*, *¡Mira!* oder *¡Mire!* ... und schon ist man dem spanischen Imperativ begegnet. Doch erst mit der Zeit kann man dieses Kommandospiel in vollen Zügen genießen – und dann lässt man nicht mehr locker. Sind Sie bereit?

244 Oiga, por favor,...

Ergänzen Sie die fehlenden Infinitive und Imperativformen.

	Infinitiv	tú	vosotros	usted	ustedes
1.		escucha			
2.					empiecen
3.			escribid		
4.	comer				
5.					pidan
6.		cuenta			
7.				duerma	
8.			cerrad		

245 ¡Venga conmigo!

Formulieren Sie die Imperativsätze für das jeweils angegebene Subjekt um.

1. ¡Ten cuidado! (Ud.) ¡______________________!
2. Por favor, ¡habla más despacio! (vosotros) ¡______________________!
3. ¡Háganlo enseguida! (tú) ¡______________________!
4. ¡Ponte un abrigo! (Uds.) ¡______________________!
5. ¡Ven conmigo! (vosotros) ¡______________________!
6. ¡Jugad al fútbol, no a un videojuego! (nosotros) ¡______________________!
7. ¡Sigamos al guía! (tú) ¡______________________!

246 En la fisioterapia

Wandeln Sie die Sätze in die Höflichkeitsform des Imperativs (*Ud.*) um.

1. ¿Podría quitarse la blusa y los pantalones, por favor?

   ____

2. ¿Podría estirarse[1] en esta camilla de tratamiento[2], por favor?

   ____

3. ¿Podría echarse boca abajo[3], por favor?

   ____

4. ¿Podría abrir y cerrar las manos, por favor?

   ____

[1] estirarse = sich (ausgestreckt) hinlegen
[2] camilla de tratamiento *f* = Therapiebank
[3] boca abajo = auf dem/den Bauch

247 Contradicciones

Ergänzen Sie mit dem jeweils fehlenden bejahten oder verneinten Imperativ für *tú*.

1. ¡Apaga la luz! ↔ ¡________________!
2. ¡________________! ↔ ¡No lo comas!
3. ¡________________! ↔ ¡No le ayudes!
4. ¡Díselo! ↔ ¡________________!
5. ¡Sirve bebidas muy frías! ↔ ¡________________!
6. ¡________________! ↔ ¡No hagas los deberes!
7. ¡Ofréceles champán! ↔ ¡________________!

248 ¡No te preocupes!

Ordnen Sie die Wörter und setzen Sie das eingeklammerte Pronomen an die richtige Stelle. Akzente dabei nicht vergessen!

1. día / el / Devuelve / mismo (se, los)
   ¡________________________________!
2. salir / antes / Cerrad / de (la)
   ¡________________________________!
3. No / jamás / molestéis / nunca (nos)
   ¡________________________________!
4. las / nunca / diez / No / llames / de / después (me)
   ¡________________________________!
5. de / Informen / de / viaje / antes / salir (se)
   ¡________________________________!

249 Miles de pupas[1]

Ordnen Sie den gesundheitlichen Beschwerden den passenden Ratschlag zu und übersetzen Sie ihn.

1. ¡Qué resaca tengo! ¡Y cuánto me duele la cabeza!
2. La espalda, la nuca... ¡me duele todo!
3. Me duelen todos los huesos. Creo que tengo la gripe.
4. ¡A la hora de levantarme siempre estoy cansadísima!

a. Geh früher ins Bett!
____
____

b. Dann geh zum Arzt!
____
____

c. Trink nicht so viel Alkohol!
____
____

d. Mach mehr Sport!
____
____

[1] pupa *f* = Wehwehchen

1.	2.	3.	4.

250 ¡Díganosla!

Kurz und bündig. Formulieren Sie die Sätze um, indem Sie die unterstrichenen Wörter durch passende Pronomen ersetzen.

1. ¡Dígale la verdad!

2. ¡No me dejes las tareas desagradables!

3. ¡No cerréis las ventanas!

4. ¡Cómete los espaguetis!

5. ¡Paseemos al perro!

6. ¡No les den nunca el coche!

1. *¡Dígasela!*

2. ______

3. ______

4. ______

5. ______

6. ______

10.9 Nicht nur Tatendrang

Das Passiv

Wer träumt nicht davon? Die Aktivitäten des Alltags zurückfahren und alles gelassener angehen und fast schon passiv über sich ergehen lassen? Dumm nur, dass diese Zauberformel bei der Sprache nur bedingt greift. So häufig wie die deutschen werden die spanischen Verben nämlich nicht in der Passivform benutzt.

251 Ciudadanos activos

Wandeln Sie die Sätze ins Passiv um. Verwenden Sie dabei *ser* + *participio*.

1. Los ciudadanos han elegido el nuevo Parlamento.

   ____

2. El Parlamento aprueba las leyes[1].

   ____

3. Los medios informan a los ciudadanos sobre las leyes aprobadas.

   ____

4. Los ciudadanos deberán respetar las leyes.

   ____

5. Antes el rey tomaba muchas decisiones sobre la vida de los ciudadanos.

   ____

[1] aprobar una ley = ein Gesetz verabschieden

> ! Auch das Passiv hat einen „Täter", der mit *por* angegeben wird. Generell aber sind spanische Verben etwas aktiver als ihre deutschen Partner. Deshalb werden anstelle des Passivs auch andere Konstruktionen verwendet, z. B. die *pasiva refleja* oder die 3. Person Plural. Mehr dazu in Übung 253.

252 ¿Cómo será hecho?

Bilden Sie wie im Beispiel aus den Wörtern Sätze im Passiv in der jeweils angegebenen Zeit.

1. La ensalada / preparar / poco antes de la comida (presente)
   La ensalada es preparada poco antes de la comida.
2. Los árboles / cortar / en otoño (presente)
   ______
3. Los nombres de los ganadores / publicar / en el periódico. (indefinido)
   ______
4. La autopista / ampliar / a seis carriles (futuro simple)
   ______
5. el paquete / no enviar / a la dirección correcta (pretérito perfecto)
   ______
6. labio inferior / poner / el piercing / el / en (indefinido)
   ¿______?

253 ¿Cómo se dice…?

Übersetzen Sie die Sätze. Verwenden Sie dabei die angegebenen Konstruktionen.

1. Wann wird der Literaturpreis überreicht werden?

   ____

   (3. Pers. Pl.)

   ____

   (pasiva refleja)
2. Die Burg wurde im 16. Jahrhundert erbaut.

   ____

   (pasiva refleja)

   ____

   (Passiv)
3. Der Roman ist schon in 20 Sprachen übersetzt worden.

   ____

   (Passiv)

   ____

   (3. Pers. Pl.)
4. Diese Teppiche werden von Hand gemacht.

   ____

   (pasiva refleja)

   ____

   (Passiv)
5. Die Bauarbeiten[1] waren noch nicht beendet worden.

   ____

   (3. Pers. Pl.)

   ____

   (Passiv)

   ____

[1] obras de construcción *f pl* = Bauarbeiten

254 Un poco más activo, por favor

Wandeln Sie die Sätze ins Aktiv um.

1. Esta película ha sido vista por poca gente.

   ____

2. La tarta de cumpleaños es hecha siempre por mi abuela.

   ____

3. La exposición será inaugurada por el propio pintor.

   ____

4. América fue descubierta por Cristóbal Colón.

   ____

255 Ya está vendido

Anworten Sie mit dem Zustandspassiv, indem sie den deutschen Satz übersetzen.

1. ◆ En el hotel los teléfonos no funcionan. ¿Sabes si alguien ya ha llamado al mecánico para arreglarlos?
   ● *Ich glaube, sie sind schon repariert.*

   ____

2. ◆ ¿Quieres que ponga la mesa?
   ● *Nein, danke, er ist schon gedeckt.*

   ____

3. ◆ Me dijeron que querías vender tu coche. Estaría interesada.
   ● *Tut mir leid, es ist schon verkauft.*

   ____

4. ◆ La boda es a las once, no a las doce. Tenemos que cambiar la hora en las tarjetas de invitación.
   ● *Es ist leider zu spät. Sie sind schon verschickt.*

   ____

10.10 Mit Wenn und Aber

Der subjuntivo

Das Wichtigste vorweg: Spanischer *subjuntivo* ist nicht gleich deutscher Konjunktiv. Groß ist die Gefahr eines Durcheinanders, wenn man diese beiden Ausdrucksformen nicht richtig auseinanderhält. Unser Tipp: Betrachten Sie den *subjuntivo* als etwas Eigenständiges und tauchen Sie voll und ganz in die spanische Denkweise ein. Sie werden es nicht bereuen.

256 Se busca secretaria...

Benötigen Sie in den Sätzen das *presente de indicativo* oder das *presente de subjuntivo*? Geben Sie die richtige Form an.

1. Tenemos un cortacésped[1] que (cortar) ________________ el césped sin ninguna ayuda.
2. En la oficina de turismo buscan guías que (hablar) ________________ ruso y árabe.
3. Los ingenieros de la empresa están desarrollando un avión que (gastar) ________________ menos energía.
4. Me gustaría tener una máquina que (limpiar) ________________ las ventanas automáticamente.
5. En este supermercado venden productos del campo que (ser) ________________ de cultivo ecológico.
6. Después de dos años de buscar, han encontrado una casa que (tener) ________________ un jardín grande con piscina.

[1] cortacésped *m* = Rasenmäher

257 Deseo que vengas

Unterstreichen Sie jeweils die passende Verbform.

Querida Pili:
Como cada año, el domingo día 2 (celebramos / celebremos) nuestra reunión anual de compañeros del club de vela. Espero que (puedes / puedas) venir, ya que hace tiempo que no nos (vemos / veamos).
María dice que (viene / venga) con unos amigos suyos y la verdad es que me parece bien, aunque prefiero que (somos / seamos) el grupo de siempre, por eso te pido que (venís / vengáis) tú y Lucía. Por supuesto, estaremos muy contentos si (traes / traigas) también a tu nueva pareja. No estoy segura de que (asiste / asista) Antonio, dudo que (tiene / tenga) tiempo entre sus viajes de negocios.
¡En fin! Espero que (nos reunimos / nos reunamos) todos pronto y deseo que (pasamos / pasemos) un día formidable juntos.
Besos y hasta pronto,

Estrella

258 No creo que salga

Wie lautet das passende Ende für jeden Satz?

1. Me parece que	este fin de semana no salgo.
	este fin de semana no salga.
2. No creo que	tienes que estudiar mucho.
	tengas que estudiar mucho.
3. Tengo la sensación de que	ya nos conocemos.
	ya nos conozcamos.
4. Creo que	hoy no es mi día.
	hoy no sea mi día.
5. No estoy seguro de que	nos entendemos.
	nos entendamos.

259 Para que lo sepas

Ergänzen Sie mit der passenden Form.

hasta que • antes de que • cuando • para que • después de que

1. Cenaremos ________________ todos estén aquí.
2. Cerrad bien ________________ todos hayan salido.
3. ________________ no estés seguro, no se lo digas a nadie.
4. Me quedaré ________________ puedas terminar ese trabajo.
5. ________________ llegue la primavera, quiero ir a esquiar.

260 Aunque...

Setzen Sie jeweils das Verb in die passende Form und verbinden Sie zu sinnvollen Sätzen.

1. Aunque las entradas (costar) ____________ mucho,
2. Me cuidaré de vuestro gato
3. Podemos salir
4. Sus padres le regalarán un coche
5. Compramos el piso

a. cuando (cumplir) ____________ 18 años.
b. aunque (ser) ____________ muy caro.
c. quiere ir a ese concierto.
d. cuando los hijos (estar) ____________ listos.
e. mientras (estar) ____________ de viaje.

1.	2.	3.	4.	5.

261 Es posible que...

Setzen Sie die Sätze wie im Beispiel fort.

1. Es posible que... (nosotros – llegar tarde)
   ... lleguemos tarde.
2. Es probable que... (ella – terminar el trabajo a tiempo)
   ______
3. Es seguro que... (nosotros – viajar a Andalucía)
   ______
4. Es bueno que... (tú – cuidar de tus abuelos)
   ______
5. Es necesario que... (Ud. – explicarme cómo hacerlo)
   ______
6. Es cierto que... (yo – ir a Madrid a estudiar)
   ______

262 Lo que tú quieras

Sie überlassen Ihrem Gesprächspartner die Entscheidung. Geben Sie die Antwort passend an.

1. ◆ ¿Dónde cenamos hoy, en el comedor o en la terraza?
   ● ______
2. ◆ ¿Cómo vamos a la montaña, en tren o en coche?
   ● ______
3. ◆ ¿Qué vino tomamos, el tinto o el blanco?
   ● ______
4. ◆ ¿Qué zapatillas me pongo, las blancas o las negras?
   ● ______
5. ◆ ¿Cuándo vamos a Lanzarote, en mayo o en septiembre?
   ● ______

263 Prefiero tomar un taxi

Für Wünsche braucht man nicht immer den *subjuntivo*. Manchmal reicht der Infinitiv. Übersetzen Sie mit der jeweils richtigen Form des Verbs.

1. Möchtet ihr, dass wir euch helfen?
2. Ich freue mich, dass ich im Mai Urlaub habe.
3. Wir bedauern, dass wir schon gehen müssen.
4. Der Arzt hat verboten, dass sie Alkohol trinkt.
5. Ich glaube nicht, dass er mit dem Auto kommt.
6. Hast du es lieber, dass ich dich vorher anrufe?
7. Er freut sich, ein schönes Haus gefunden zu haben.

264 Fue fácil que estudiara

Einmal *presente* und einmal *imperfecto de subjuntivo.* Ergänzen Sie mit der richtigen Form.

1. Os pedí que me (ayudar) ____________________.
   Os pido que me (ayudar) ____________________.
2. No quería que todos lo (saber) ____________________.
   No quiere que todos lo (saber) ____________________.
3. Me alegro de que (Ud. – salir) ____________________ conmigo.
   Me alegraría de que (Ud. – salir) ____________________ conmigo.
4. No creíamos que (tú – estar) ____________________ contento con esto.
   No creemos que (tú – estar) ____________________ contento con esto.
5. Quiso que lo (yo – hacer) ____________________ por ella.
   Quiere que lo (yo – hacer) ____________________ por ella.

265 Quisiera que vinieras

Wie können Sie die folgenden Aussagen höflicher formulieren? Ergänzen Sie mit der passenden Verbform.

1. Quiero que vengas.
   Querría que ____________________.
2. Quiero que me escuches.
   Quisiera que ____________________.
3. Deseo que estés más tranquilo.
   Desearía que ____________________.
4. Hazme este favor, te lo pido.
   Me gustaría que ____________________ este favor.
5. ¿Me dejas tu coche, si es posible?
   ¿Me ____________________ tu coche, si
   ____________________?

266 Si tuviera tiempo y dinero,...

..., ja was könnten Sie dann nicht alles tun? Verbinden Sie jeweils eine Bedingung mit ihrer Folge.

1. Si te diera su número de teléfono,
2. Si mi madre se cuidara de los niños,
3. Si me hicieras caso,
4. Si nuestros vecinos bajaran la música,
5. Si saliera el sol,
6. Si fuera tu amigo,
7. Si en Alicante no hiciera tanto calor en agosto,

a. ¿le ayudarías?
b. dormiríamos mejor.
c. pasaríamos las vacaciones allí.
d. ¿lo llamarías?
e. podría salir contigo esta noche.
f. te iría mejor.
g. podríamos ir al parque.

1.	2.	3.	4.	5.	6.	7.

267 ¿Qué hubiera hecho, si... ?

Was wäre gewesen, wenn ...? Darüber können Sie nur Mutmaßungen anstellen, denn die Gelegenheit haben Sie verpasst. Doch Schritt für Schritt. Wandeln Sie die Bedingungssätze wie im Beispiel um.

1. Si tengo dinero, compraré la casa.
   Si tuviera dinero, compraría la casa.
   Si hubiera tenido dinero, habría comprado la casa.
2. Si no olvidamos vuestra dirección, os enviaremos una postal.
3. Será más fácil si conoce Ud. el programa.
4. Si Carmen quiere venir conmigo, me alegraré.
5. Si no tengo que trabajar el sábado, daré contigo un paseo en bicicleta.
6. Si los cruceros al Polo Norte no son caros, iremos con toda la familia.

10.11 Nie und nimmer!

Die Verneinung

No digo nada. Ja was denn nun? Sage ich nichts, und das vehement, oder sage ich nicht nichts, also sage ich doch etwas? Nein zu sagen fällt nicht immer leicht. Und um wie viel schwerer ist es, wenn man es wie im Spanischen oft gleich doppelt tun muss. Deshalb ist es wichtig, dass man weiß, wie man es richtig macht.

268 No está ni en casa ni en la oficina

Wählen Sie für die Verneinung das jeweils passende Wort aus und ergänzen Sie die Sätze.

1. ________ le he dicho ________.
2. ________ hemos estado ________ en Nueva York.
3. Los viernes ________ hay ________ en casa.
4. ________ han comprado ________ en la ciudad, ________ una blusa ________ un jersey.
5. Salió sin decir ________.
6. ________ nos trajeron ________ regalo.
7. ________ la invitaría a cenar con nosotros.
8. ________ encontraron a ________ persona.
9. ________ quiero ________ mencionar su nombre.

269 De nada

Bringen Sie die Wörter in die richtige Reihenfolge.

1. dicho / lo / Nadie / nos / había

   ____

2. tortilla / ningún / de / No / trozo / queda

   ____

3. ninguno / ayudó / de / nos / No / vosotros

   ____

4. ni / hemos / ni / No / visto / nada / a / nadie

   ____

270 ¿Algo más?

Antworten Sie auf Spanisch.

1. ◆ ¿Desea algo más?
   ● (Nein, nichts mehr, das ist alles.)

   ____

2. ◆ ¿Habéis estado alguna vez en la Costa Brava?
   ● (Nein, nie. Wir würden aber im Sommer gerne dorthin fahren.)

   ____

3. ◆ ¿Cuántos CD de Gloria Estefan tienes?
   ● (Keine.)

   ____

4. ◆ ¿Hay alguien ahí?
   ● (Ich glaube, es ist niemand da.)

   ____

   ____

10.12 Stille Post

Indirekte Rede und Zeitenfolge

Por aquí me han preguntado si tengo suerte y por aquí me han contestado que dos al día... So läuft eine spanische Variante des Spiels „Stille Post“: Jeder stellt seinem rechten Nachbarn eine Frage, beim Berichten verbindet er die Frage und Antwort der Nachbarn auf beiden Seiten ... die natürlich selten zusammen passen! Wichtig dabei ist, die Techniken der indirekten Rede zu beherrschen, die wir in diesem Kapitel wiederholen. Viel Spaß dabei!

271 Por aquí me han preguntado...

Sie spielen mir Ihren Freunden „Stille Post“. Teilen Sie den anderen mit, welche Fragen und Aussagen Sie gehört haben.

1. Lucía: "Tengo hambre."
2. Diego: "Anoche soñé contigo."
3. Luis: "¿Has visto mis llaves por ahí?"
4. Silvia: "Me gustaría viajar a Chile."
5. Rodrigo: "¿Cuándo vendrás a visitarme?"
6. Vanesa: "Tráeme un poco de pan cuando vengas a mi casa."

1. Lucía dice que ______________________________
2. Diego me comenta que ______________________________
3. Luis me ha preguntado si ______________________________
4. Silvia ha dicho que ______________________________
5. Rodrigo pregunta cuándo ______________________________
6. Vanesa me pide que ______________________________

272 Una gran cantante

Ja, das waren Zeiten damals! Verbinden Sie die Sätze in der direkten Rede mit dem passenden Satz in der indirekten Rede.

1. "Canto."
2. "He cantado."
3. "Canté."
4. "Cantaré."
5. "Canta, por favor."
6. "Me gusta que cantes."

a. Me pidió que cantara.
b. Dijo que había cantado.
c. Dijo que cantaba.
d. Dijo que había cantado.
e. Dijo que cantaría.
f. Dijo que le gustaba que cantara.

1.	2.	3.	4.	5.	6.

273 Me pidió que le escuchara

Unterstreichen Sie für jeden Satz die passende Verbform.

1. "Tengo ganas de ir al cine."
   Dijo que (tiene / tenía) ganas de ir al cine.
2. "He preparado un gazpacho."
   Dijo que (ha preparado / había preparado) un gazpacho.
3. "¿Estuviste en la reunión?"
   Preguntó si (estuve / había estado) en la reunión.
4. "Por Pascua iré al pueblo."
   Comentó que por Pascua (iba / iría) al pueblo.
5. "Me gustaría ayudarte."
   Aseguró que le (habría gustado / gustaría) ayudarme.
6. "Nunca habíamos estado aquí antes."
   Contó que nunca (habían estado / habrían estado) allí antes.

274 Me dijo que...

Was haben die Personen gesagt? Wandeln Sie die Sätze in die direkte Rede um.

1. Rita dijo que nunca había estado en Bilbao.
   Rita: "______________________________."
2. Daniel contó que había vivido muchas aventuras.
   Daniel: "______________________________."
3. Pilar preguntó si iríamos el domingo a su casa.
   Pilar: "¿______________________________?"
4. Laura contestó que tenía muchas ganas de hacer una escapada[1].
   Laura: "______________________________."
5. Natalia afirmó que todo había ido bien.
   Natalia: "______________________________."

[1] escapada *f* = Spritztour

275 ¡Qué buena noticia!

Ergänzen Sie den Text mit den Wörtern aus dem Kasten.

allí • estaba • fuera • ella • había aprobado
me alegraba • íbamos

¿Sabes a quién me encontré ayer? Pues a Inés. Estuvimos charlando un buen rato. Me dijo que ______________ muy contenta porque ______________ el examen de español. Yo le contesté que ______________ mucho por ______________. Entonces me propuso que ______________ con ella y sus compañeros a celebrarlo. Le pregunté adónde ______________ y me dijo que no muy lejos de ______________. ¡Por supuesto que acepté!

Lösungen

L

1.1

1 [k]: cuerpo, miércoles
[θ]: ciudad, despacio
[k]+[θ]: acercar, bicicleta, concierto, vacaciones

▶ Vor den Vokalen *a, o* und *u* wird *c* wie [k] gesprochen, vor den Vokalen *e* und *i* wie [θ]. Der Buchstabe *z* wird immer [θ] gesprochen (s. Übung 2)

2 1. cine 2. décimo, cien, Diez 3. trozo, trocito 4. cereza, dulce, azúcar 5. Suecia, Suiza 6. veces, vez

▶ *c* = [θ] vor *e* und *i*, *z* = [θ] vor allen Vokalen.

3 *c:* banco, claro, corbata, crisis, peluca
k: karate, kilogramo, kilómetro
qu: alquilar, bosque, mantequilla, química

▶ c wird vor *a, o* und *u* [k] gesprchen, *k* und *qu* immer wie [k], das *u* bei *qu* ist stumm.

4 [g]: alguno, domingo, gota, guerra, guía, guardia, gustar, madrugada, paraguas, portuguesa, trigo
[x]: biología, colegio, digital, gente, imagen
[g/x]: gigante, pedagógico

▶ Vor den Vokalen *a, o* und *u* sowie vor Konsonanten wird *g* wie [g] gesprochen, vor den Vokalen *e* und *i* wie [x]. Also: *genial* mit [x], *gol* mit [g].

5 Das *u* wird gesprochen bei: agua, antigüedad, cigüeña, guante, igual, lenguaje

▶ Das *g* vor *e* und *i* wird wie [x] gesprochen (s. Übung 4). Braucht man vor *e* und *i* die Aussprache [g], muss man ein stummes *u* einfügen: *gue* [ge], *gui* [gi]. Soll das *u* hingegen gesprochen werden, setzt man ein sogenanntes Trema (zwei Pünktchen) darauf: *güe* [gue], *güi* [gui]. Bei *gua* wird das *u* gesprochen [gua].

6 Nicht unter [g] gehören: elegir, origen, página
Nicht unter [x] gehören: amiga, antigua, bilingüe, colgar

7 1. general [x] (alle anderen Wörter [g])
2. vergüenza [g] (alle anderen Wörter [x])
3. mejor [x] (alle anderen Wörter [g])
4. mujer [x] (alle anderen Wörter [g])
5. agosto [g] (alle anderen Wörter [x])

8 in der Flasche: abuelo, beso, viaje, avenida, escribir, aventura, viento, subir, verde, revista
im Fass: abril, enviar, bien, libro, abierto, cabeza, volar, selva, obra, vida

9 1. Ya, mayo
2. lluvias, llega
3. toalla, playa
4. llevarnos, cestilla
5. Yo, tortilla, bocadillos, pollo
6. Oye, ayudar, allí

10 [r]: árbol, comer, crema, dinero, drama, fruta, hombre, negro, padre, prueba, tren
[rr]: arroz, hierro, pelirrojo, israelí, rayo, rojo

11 1. El perro de San Roque no tiene rabo, porque Ramiro Ramírez se lo ha cortado. (rabo *m* = Schwanz)
2. Rosa Rizo reza ruso, ruso reza Rosa Rizo. (rezar = beten)

3. ¿Cómo quieres que te quiera, si el que quiero que me quiera no me quiere como quiero que me quiera?
4. El cielo está enladrillado, ¿quién lo desenladrillará? El desenladrillador que lo desenladrille, buen desenladrillador será. (enladrillado = mit Backsteinen gepflastert; desenladrillar = Backsteine entfernen)

12 1. falso. La *c* se pronuncia [θ] solo delante de las vocales *e, i.*
2. verdadero
3. falso. La combinación *-gue-* se pronuncia [ge] y *-gui-* se pronuncia [gi].
4. verdadero. La *j* se pronuncia siempre [x].
5. verdadero
6. falso. La *r* se pronuncia también fuerte al principio de una palabra y detrás de las consonantes *l, n, s.*
7. verdadero

1.2

13 1.-e. 2.-g.
3.-a. 4.-b.
5.-f. 6.-d.
7.-c.

▶ Endet ein Wort auf einen Vokal oder *n, s,* wird die vorletzte Silbe betont. Endet ein Wort auf einen Konsonanten außer *n, s,* wird die letzte Silbe betont. Eine Silbe mit einem Akzent wird immer betont.

14 ¿Molestia o alegría?
-ia: agencia, farmacia, guardia, noticia, terapia
-ía: biología, cafetería, categoría, guía, María, panadería, tía, tontería, tranvía
-ia/-ía: hacia, hacía

▶ Der Doppelvokal *-ia* gilt als eine Silbe. Bei Wörtern, die auf einen Vokal enden, wird grundsätzlich die vorletzte Silbe betont, hier also die Silbe vor der *ia*-Silbe. Wenn aber das *í* einen Akzent trägt, zählt es als eigene Silbe, ist also die vorletzte Silbe und wird betont.

15 ¡Con qué ánimo animó el concierto mi cantante favorito! Si no me animo con su música, no me animo con nada. Ayer se ganó al público con el último disco que publicó. Es un músico muy célebre.
Me alegro de que celebre tantos éxitos.
Si algún crítico le criticó alguna vez, fue a causa de un equívoco, si no me equivoco...

16 : hable, idos : corred, venid
: cerradlas, lavaos, repite
: cuéntales, póntelo
: invítelos, llevémonos
: levantaos
: cómetelo, pruébesela
: escríbeselo

2.1

17 1. ◆ Felipe, ¿qué vas a estudiar?
● Quizás Arquitectura. Es que me encantan los edificios modernos.
2. ◆ ¿Podría ponerme con el Sr. Romero?
● Lo siento. No está hasta finales de mayo.
3. ◆ ¿Qué tipo de vino les traigo a ustedes, señores?
● Un tinto de La Rioja, por favor.
4. ◆ ¿Había mucha gente?
● Sí, habían llegado todos: los colegas de la empresa fueron los primeros, luego llegaron los vecinos,...

5. ◆ ¿Estudiaste español en el Instituto Cervantes de Múnich?
   ● No, en un instituto de idiomas de Málaga.
6. ◆ ¿De dónde son Uds., señores?
   ● De los EE.UU.

▶ Im Spanischen gilt in folgenden Fällen die Großschreibung: bei Eigennamen; am Satzanfang; für Schul- und Studienfächer; bei Abkürzungen von Anreden wie *Sr., Sra., Ud., Uds.* (ausgeschrieben klein, also *señor, señora, usted, ustedes*); nach einem Doppelpunkt wird nur großgeschrieben, wenn ein Brieftext oder eine wörtliche Rede beginnen.

18 Querida Asunción:
Te escribo esta carta para invitarte a mi fiesta de cumpleaños, que celebraré esta vez a lo grande con mi familia y amigos. ¡Qué ilusión me hace! He reservado mesa en un restaurante de moda muy chic, que me han recomendado varias veces. He pensado que después de cenar podemos ir a tomar algo y a bailar por ahí. Hay muchos locales en el centro de la ciudad. Oye, ¡qué bonito si venís toda la pandilla! Seguro que lo pasaremos bien. Bueno, confírmame si vienes, ¿vale? Espero que sí.
Un beso,Raquel

19 1. Carmen, no hagas nada antes de que te llame.
2. Venden todo tipo de fruta: manzanas, peras, fresas, plátanos, etc.
3. ¿Quieres que te ayudemos? – No, gracias. No es necesario.
4. Si hace buen tiempo mañana, damos un paseo en bicicleta.
5. Y vamos al museo si llueve.
6. Desgraciadamente, no pudimos visitar la catedral porque estaba cerrada.
7. Mi abuela, que cumplirá 90 años en enero, vive en Cádiz.

▶ Im Spanischen steht ein Komma in Aufzählungen, nach einer Anrede, bei Adverbien und Adverbialkonstruktionen. Für Deutsche ungewohnt sind diese Fälle: Das Komma steht vor einem Relativsatz nur, wenn er für das Verständnis des Satzes nicht erforderlich ist. Bei Nebensätzen mit einer Konjunktion am Anfang steht nur dann ein Komma, wenn der Nebensatz den Satz einleitet. Und vor *etc.* steht auch ein Komma.

20 1. falso; en cartas y oración directa, sí; en otros casos, se sigue con minúscula
2. verdadero
3. falso; las asignaturas se escriben con mayúscula
4. falso; se pueden usar solo "..." y «...», pero no „..."
5. verdadero
6. verdadero
7. falso; hay dos puntos

21 1. Si, sí 2. De, dé 3. Te, té
4. más, mas 5. Qué, que 6. el, él
7. Mi, mí 8. Sé, se 9. Tú, tu

22 1. ¿Sabes cómo funciona este ordenador?
2. ¡Qué sorpresa! No sabía que tú también vives aquí.
3. ¿A cuántos kilómetros está tu casa del aeropuerto?
4. No sé qué significa lo que dices.
5. Hablé con ella, pero quieren que hable también con él.

6. Antonio, ¡socorro! ¿Tú sabes por dónde entró este perro tan grande?
7. Me gusta mucho la música clásica.
8. ¡Cómo has cambiado! ¡Chica, estás espléndida!
9. ¿Quién sabe cuánta gente va a venir a la función teatral?
10. ¿Cuándo has llegado, Valentín?

▶ Ein Wort bekommt einen Akzent, wenn seine Betonung von den Grundregeln abweicht (s. Übung 13). Fragewörter haben immer einen Akzent. Manche Wörter tragen einen sogenannten „grafischen Akzent" (s. Übung 21), der zur Unterscheidung zweier gleich geschriebener Wörter dient.

2.2

23 1. El cerro está a 120 metros sobre cero.
2. ¿Llevas mucho tiempo cantando en este coro?
3. A la perra de Carmen le gusta comer peras.
4. Pero el perro de Juan prefiere las salchichas.
5. En este restaurante solo hay vinos caros.
6. Si corro, alcanzo el tren.

24 1. collar = Halskette (colar = durchseihen)
2. calas = Buchten (callas = du schweigst)
3. pollo = Hähnchen (polo = Polo)
4. lana = Wolle (llana = eben)
5. lloro = ich weine (loro = Papagei)

▶ *malo, -a* = schlecht; *malla f* = Netz, Trikot; *malla mundial f* = World Wide Web

25 1. a. uña = Fingernagel, b. una = eine
2. a. cana = graues Haar, b. caña = Glas Bier
3. a. campana = Glocke, b. campaña = Kampagne
4. a. año = Jahr, b. ano = After
5. a. pena = Kummer; Mühe, b. peña = Felsen

26 1. vuelo; volar 2. almuerzos; almorzamos 3. nieve; nevando
4. nueve; noventa; novecientos
5. jugar; juegos 6. cierre; cerrarlas

3.1

27 1. antiguo 2. alto 3. mayores
4. de antes 5. alta 6. viejísimos
7. alta

▶ *casco antiguo m* = Altstadt; *alto, -a* = hoch; *personas mayores f pl* = ältere Menschen; *al precio de antes* = zum alten Preis; *en voz alta* = laut; *viejísimo* = uralt; *la alta sociedad* = die High Society

28 1. acróbatas 2. artistas
3. artista 4. acróbatas

▶ *acróbata m/f* = Artist(in); *artista m/f* = Künstler(in)

29 1. bombones 2. caramelos
3. caramelos; bombones

▶ *bombón m* = Praline; *caramelo m* = Bonbon

30 1. En invierno siempre tengo los pies fríos.
2. ¿No te gustan los platos fríos? ¡Pues pide una sopa caliente!
3. ¿Cuál es la diferencia entre colores cálidos y fríos?
4. ¿No hace demasiado calor aquí?

▶ *frío, -a* = kalt; *caliente* = heiß, warm; *colores cálidos m pl* = warme Farben; *hacer calor m* = warm sein

31 1. gorras 2. capa 3. boina
4. tapacubos 5. capa

▶ *gorra f* = Mütze; *capa de ozono f* = Ozonschicht; *boina f* = Baskenmütze; *tapacubos m* = Radkappe; *capa f* = Umhang, Cape

32 1. mapa 2. tarjeta 3. entradas
4. carta 5. menú 6. billete
7. ficha

▶ *mapa m* = Landkarte; *tarjeta roja f* = rote Karte; *entradas f pl* = Eintrittskarten; *carta f* = Brief; *menú m* = Speisekarte (auch: *carta*); *billete m* = Fahrkarte; *ficha f* = Karteikarte, (Computer-)Datei

33 1. postre 2. desierto 3. dulces
4. desierta 5. sobremesa

▶ *desierto m* = Wüste; *desierto, -a* = verlassen, öde; *dulce m* = Süßspeise; *postre m* = Nachspeise; *sobremesa f* = (die Zeit nach dem Essen, in der man noch zusammensitzt, sich unterhält, einen Espresso trinkt oder eine Zigarre raucht)

34 1. empresas 2. compañía; agencia
3. empresa 4. sociedades 4. firma

▶ *empresa f* = Unternehmen; *compañía f* = Unternehmen, Gesellschaft; *agencia de publicidad m* = Werbeagentur; *grupo de sociedades m* = Konzern, Firmengruppe; *firma f* = Unterschrift

35 gimnasio; instituto

▶ *gimnasio* = Turnhalle, Fitnesscenter; *instituto* = Gymnasium

36 1. impresionar 2. impusieron
3. impresionas / impresionarás
4. imponer

▶ *imponer* = (Steuern, eine Strafe) auferlegen; *impresionar* = beeindrucken

37 1. impermeable / chubasquero
2. abrigos de pieles 3. este mantel
4. una cubierta

38 1. cartera 2. mapa 3. carpeta
4. cartera / maletín

▶ *cartera f* = Brieftasche, Aktentasche; *mapa m* = Landkarte; *carpeta f* = Ordner; *maletín m* = Aktenkoffer

39 1. apuntes 2. noticias 3. nota
4. apuntes 5. novedades

▶ *apuntes m pl* = Notizen; *noticias f pl* = Nachrichten ; *nota f* = Notiz; *novedades f pl* = Neuigkeiten. „Notizen machen" heißt auf Spanisch *tomar apuntes* oder *tomar nota*.

40 1. provisiones 2. comisión 3. comisión 4. provisión 5. comisiones

▶ *comisión f* = Provision; *provisión* = Vorrat; *provisiones f pl* = Proviant; *trabajar a comisión* = auf Provisionsbasis arbeiten

41 1.-a. 2.-d. 3.-f. 4.-b. 5.-e. 6.-c.

42 1. ¿Quieres otra copa de vino? / ¿Te gustaría tomar...? / ¿Te apetece...?
2. El florero azul es demasiado alto para las rosas. / El jarrón azul... / ... es muy alto...
3. ¿Podría traerme un vaso de agua, por favor? / ¿Me podría traer...
4. Los vasos de plástico no son muy bonitos, pero no se rompen.

▶ *florero m* = Vase; *jarrón m* = Vase, Krug; *vaso m*= (Trink-)Glas; *copa f* = (Wein-)Glas

3.2

43 1. visitamos 2. asistieron 3. van a ver 4. consultar 5. frecuentan 6. vas 7. está muy frecuentado

▶ *ir a ver a una persona* = eine Person besuchen; *visitar* = einen Ort, ein Museum usw. besuchen; *asistir a* = eine Schule, eine Veranstaltung usw. besuchen; *consultar a un médico* = einen Arzt besuchen; *frecuentar* = häufig oder gewohnheitsmäßig besuchen; *estar muy frecuentado, -a* = viel besucht sein

44 1.-d. 2.-a. 3.-e. 4.-c. 5.-b.

▶ *llevar* = von einem Ort zu einem anderen mitnehmen; *traer* = von einem Ort zu einem anderen hinbringen

45 2. ¿Adónde viajasteis el año pasado?
3. ¿Sabes conducir un camión?
4. Entramos en la ciudad por la puerta antigua.
5. Cada hora hay un ferry que atraviesa el río.
6. Nos gusta mucho montar en bicicleta.

▶ *conducir* = (am Steuer sitzen und) fahren; *ir en bicicleta* = mit dem Fahrrad fahren (gezielt zu einem Ort); *montar en bicicleta* = Fahrrad fahren, radeln (z. B. als Freizeitbeschäftigung); *viajar* = fahren, reisen

46 1. pescado 2. pez 3. peces

▶ *pescado m* = gefangener Fisch zum Essen; *pez m* = lebender Fisch im Wasser

47 1. tengo 2. hayas 3. tenéis 4. tengo 5. tienen 6. tiene

▶ Zusammengesetzte Zeiten werden mit *haber* gebildet. In der Bedeutung „besitzen", wird „haben" mit *tener* übersetzt. Mit *tener* + Partizip Perfekt bringt man zum Ausdruck, dass etwas, das man getan hat, nun erledigt ist. Die Endung des Partizips stimmt in diesem Fall mit dem Substantiv überein.

48 escuchar: música, un CD, las noticias, la orquesta, un concierto de guitarra
oír: el ruido de la calle, las sirenas de la ambulancia, el ladrido de un perro, un avión, niños en el parque infantil
escuchar / oír: el canto de los pájaros

▶ *escuchar* = zuhören, sich anhören; *oír* = hören können, beiläufig hören

49 1. cocinar 2. hago 3. llevas a ebullición 4. preparan 5. hirviendo; cocer; guisar 6. cocino

▶ *cocinar, preparar una comida* = eine Mahlzeit ganz allgemein zubereiten; *hacer* = (Tee, Kaffee) machen; *hervir, llevar a ebullición* = Flüssigkeiten zum Sieden oder Kochen bringen; *cocer* = gar kochen; *guisar* = vor sich hin köcheln

50 1. sabes 2. saber 3. sabe 4. sabes; puede

▶ *poder* = können (man ist bereit oder aufgrund der Situation in der Lage, etwas zu tun oder auch nicht), *saber* = können (man hat gelernt und verfügt über die Kenntnisse, etwas zu tun).

51
1. ◆ ¿Vienes a la fiesta de cumpleaños de Paco?
   ● No me ha invitado / invitó. Entonces, no voy.
2. ◆ ¿Has llamado al servicio de asistencia técnica para la lavadora?
   ● No, todavía no he tenido tiempo. / No, no he tenido tiempo todavía.
3. ◆ ¿Vuestra hija ya ha vuelto de Berlín?
   ● La estoy esperando. / Estoy esperándola. El tren llega dentro de una hora. / El tren llegará...
4. ◆ ¿Cómo está tu abuelo?
   ● No muy bien. Anoche tuvimos que llamar al médico.
5. ◆ Me gustaría comer ahora una pizza, pero nuestro horno está roto.
   ● ¿Por qué no encargamos una?

▶ *venir* = kommen (zum Ort hin, an dem sich der Sprechende befindet); *ir* = kommen (vom Ort weg, an dem sich der Sprechende befindet); außerdem andere Ausdrücke mit „kommen", z. B. *encargar algo* = etw. kommen lassen; *llamar a alguien* = jmdn. kommen lassen; *llegar* = ankommen; *volver* = zurückkommen; *tener tiempo (para hacer algo)* = dazu kommen (etw. zu tun)

52 1. Gracias por permitirme usar tu portátil.
2. La operaron del ojo izquierdo.
3. ¡Empecemos ahora mismo!
4. La empresa hizo construir una guardería infantil.

▶ *permitir* = lassen (im Sinne von „zulassen", „erlauben"); *hacer* + Infinitiv = lassen (im Sinne von „veranlassen"); mit dem Verb im Subjuntivo = lassen als Aufforderung „Lasst uns..."; mit dem Verb in der 3. Pers. Pl. = lassen im Sinne von „sich machen lassen".

53 1. correr 2. va 3. hace 4. patina 5. andar

▶ *correr* = laufen, joggen; *ir* = gehen, laufen (allgemein und in Verbindung mit Fahrzeugen); *hacer ... km* = ...km laufen, zurücklegen; *patinar* = Schlittschuh laufen; *andar* = zu Fuß gehen, laufen können

54 1. ligera 2. levemente 3. ligero 4. bien 5. con facilidad / fácilmente 6. fácilmente / con facilidad

▶ *fácil* = leicht und nicht schwierig; *ligero* = leicht an Gewicht; *leve* = leicht und nicht ernsthaft; *bien* = leicht in Verbindung mit einem Adjektiv, z. B. *bien posible* = leicht möglich

55 1.-c. tengo que 2.-d. debe 3.-a. Hay que 4.-b. Deberían

▶ *tener que* = (als Pflicht) müssen; *hay que* = man muss; *deber* = sollen, (moralisch) müssen

56 1. difícil 2. seria 3. graves 4. pesada

▶ *difícil* = schwer im Sinne von schwierig; *pesado* = schwer (an Gewicht); *serio* = ernst; *grave* = ernsthaft

57 1. ve, mirar 2. mirar 3. visto 4. veo

▶ *mirar* = (sich) anschauen; *ver* = sehen (können), beiläufig sehen

58 1. jugamos 2. tocar 3. interpreta 4. actúan 5. jugaron 6. toqué 7. dan 8. tocar 9. hagas

▶ *jugar* = spielen (z. B. Kinder); *jugar a (un juego)* = ein Spiel spielen; *tocar* = ein Instrument spielen; *interpretar un papel* = eine Rolle (im Theater) spielen; *actuar* = Theater spielen, auftreten; *dar* = (im Kino, Theater) gespielt werden; *hacerse el inocente* = den Unschuldigen spielen

59 1. partida 2. juego 3. partido 4. Juegos

▶ *juego m* = Spiel (zum Spielen); *partido m* = (Fußball-)Match; *partida f* = Partie (Schach)

60 1. bolsa 2. bolsillo 3. bolso 4. bolsillos 5. bolsa 6. Bolsas 7. bolsa

▶ *bolsa f* = größere Tasche, Einkaufstasche, Tüte; *bolsa de agua caliente f* = Wärmflasche; *bolso m* = Handtasche; *bolsillo m* = Tasche (an Kleidungsstücken); *libro de bolsillo m* = Taschenbuch; *salir a bolsa* = an die Börse gehen

61 1.-.c. 2.-e. 3.-a. 4.-g. 5.-b. 6.-f 7.-d

▶ *convertirse en* + Substantiv = völlige Verwandlung; *hacerse* + Substantiv / Adjektiv = Veränderung oder Entwicklung (z. B. Beruf); *ponerse* + Adjektiv = plötzliche und vorübergehende Veränderung der Stimmung, des Aussehens und des physischen Zustands; *quedarse* + Substantiv / Adjektiv = endgültiger, irreversibler Zustand; *ser* + Substantiv / Adjektiv = einen Beruf ergreifen; *volverse* + Adjektiv = starke und andauernde Veränderung des Charakters; Futur = Ereignisse und Handlungen in der Zukunft

62 1. Küche 2. Küche 3. Herd 4. Herd 5. Küche

63 1. Ahora son las tres y cuarto, tengo que irme dentro de un cuarto de hora. / ... tengo que marcharme... / ... me tengo que ir... / ... me tengo que marchar... / ... tengo que salir...
2. El cuarto de baño no es muy grande, pero no hay solamente una ducha, sino también una bañera.
3. El restaurante está en la cuarta planta.
4. ¡Genial! ¡Nuestra selección (nacional) ha conseguido los cuartos de final!
5. Ya han recorrido un cuarto del camino.
6. ¿Necesitas para el postre realmente un cuarto de kilo de azúcar?

64 1. überlassen 2. zurücklassen 3. unterlassen 4. verlassen 5. zulassen 6. belassen 7. übrig lassen 8. hinterlassen

65 1.-c. 2.-a. 3.-d. 4.-b.

▶ *esposa f* = Ehefrau; *esposas f pl* = Ehefrauen, Handschellen

66 1. estaciones del año 2. las estaciones de metro 3. una estación de servicio 4. una estación espacial

67 1. Klinge 2. Laub 3. Blätter 4. Liste 5. Blatt

68 1. comida 2. cuencos 3. vajilla 4. menú

▶ *comida f* = Essen; *cuenco m* = Schälchen; *vajilla f* = Geschirr; *menú m* = Menü

4.1

69 1. ¡Tengo frío! 2. ¡Tengo calor! 3. ¡Tengo hambre! 4. ¡Tengo sed! 5. ¡Estoy mareado! 6. ¡Me encuentro/siento mal!

70 1. ¿Puedo hacerle una pregunta?
2. Esta cafetera me hace poco servicio.
3. ¿Has hecho ya las maletas?
4. Los domingos voy a hacer footing.
5. Se está haciendo de noche.

71 1.-b. 2.-g. 3.-i. 4.-f. 5.-j. 6.-h. 7.-e. 8.-a. 9.-c. 10.-d.

▶ *una rebanada de pan* = eine Scheibe Brot; *una loncha de queso* = eine Scheibe Käse; *una tableta de chocolate* = eine Tafel Schokolade; *un grano de arroz* = ein Reiskorn; *un racimo de uvas* = eine Rispe Weintrauben; *un terrón de azúcar* = ein Würfel Zucker; *una rodaja de chorizo* = eine Scheibe Chorizo; *una lonja de jamón* = eine Scheibe Schinken; *una raja de melón* = ein Schnitz Melone; *un manojo de perejil* = ein Bund Petersilie

72 1.-d. 2.-f. 3.-a. 4.-b. 5.-e. 6.-c.

> ▶ *tocar la guitarra* = Gitarre spielen; *jugar al fútbol* = Fußball spielen; *ir de compras* = einkaufen (gehen); *hacer una llamada* = telefonieren, ein Telefonat führen; *dar un paseo* = spazieren gehen, einen Spaziergang machen; *montar a caballo* = reiten

73 1. ¡Buenas vacaciones! 2. ¡Buen viaje! 3. ¡Que te mejores! 4. ¡Que te diviertas! 5. ¡Mucha suerte!

> ▶ Bei guten Wünschen, die mit einem Verb gebildet werden, ändert sich die Verbform, wenn man eine Person siezt: *¡Que se mejore!, ¡Que se divierta!* Denn es handelt sich um eine Verkürzung des Satzes: *Quiero que te diviertas.* (Ich möchte, dass du dich amüsierst.) Entsprechend: *Quiero que se divierta.* (Ich möchte, dass Sie sich amüsieren.)

74 häufig: a menudo; muchas veces; frecuentemente; día sí, día también
selten: de vez en cuando; a veces; raramente; pocas veces; una que otra vez
fast nie / nie: apenas; casi nunca; jamás de los jamases

75 1.-f. 2.-d. 3.-g. 4.-c. 5.-b. 6.-h. 7.-a. 8.-e.

76 Permíteme expresar mi opinión sobre este tema. Desde mi punto de vista, hay que mejorar mucho. Por ejemplo, es necesario organizar mejor las cosas. Además, estoy seguro de que es posible. Sin duda somos un buen equipo y vamos a conseguir nuestros objetivos.

> ▶ *expresar mi opinión* = meine Meinung ausdrücken; *desde mi punto de vista* = von meinem Standunkt aus; *por ejemplo* = zum Beispiel; *estoy seguro* = ich bin sicher; *sin duda* = zweifellos; *objetivos* = Ziele

77 coedla**está**efonataa**por**prebo
dejaruqislon**ponerse**erecansi
musbaliar**parte**etollefeco**de**e

- ◆ ¿Dígame?
- ◆ Hola, ¿está Marcos?
- ● Sí. ¿De parte de quién?
- ◆ De su amiga Asunción.
- ● Disculpe, ahora no puede ponerse al teléfono.
- ◆ ¿Le puedo dejar un recado?
- ● Sí, por supuesto.

78 1. buen 2. Hace, sol, calor, grados 3. hace, frío, helada, haya, niebla 4. nublado, hará, viento, lloverá, chubascos, tormentas 5. hay, nieve, nevará

> ▶ Wetterverhältnisse werden in den meisten Fällen mit *hace* + „Wetter"-Substantiv ausgedrückt. Es gibt auch Verben: *llover* (regnen) und *nevar* (schneien). Mit einem Adjektiv verwendet man *estar*: *está nublado* (es ist bewölkt). Mit *hay* gibt man an, dass z. B. Schnee oder Wolken vorhanden sind: *hay nieve* (es liegt Schnee) und *hay nubes* (es sind Wolken da).

79 1. sigo 2. vas 3. acabo 4. vuelvo 5. pongo 6. sueles

▶ Oft verwendet man für Handlungen, die im Deutschen mit einem Adverb stehen, im Spanischen verbale Umschreibungen (*perífrasis verbales*). Sie bestehen aus Verb + Infinitiv (*soler hacer* = gewöhnlich tun), Verb + Gerundium (*estar haciendo* = gerade tun; *seguir haciendo* = weiterhin tun) oder Verb + Präposition + Infinitiv (*acabar de hacer* = soeben getan haben; *ir a hacer* = tun werden; *ponerse a hacer* = sich daranmachen zu tun; *volver a hacer* = wieder tun).

80 1. como quien dice 2. ya es decir 3. es decir 4. ¡Quién lo diría! 5. quiero decir

▶ *como quien dice* = sozusagen; *ya es decir* = das heißt schon was; *es decir* = das heißt; *¡Quién lo diría!* = Wer hätte das gedacht!; *quiero decir* = ich meine

81 1. ¿Puedes darme un consejo? / ¿Me puedes dar un consejo?
2. ¡Qué susto me has dado!
3. Le doy las gracias por su amabilidad.
4. En el cine dan una película muy buena.
5. ¿Vamos a dar un paseo?

82 1. el médico de familia 2. la sala de estar 3. la prensa local 4. el pago a plazos 5. el listín telefónico 6. la casa de campo 7. el mapa de la ciudad 8. el seguro médico

83 1. Jaime sale del cuarto de baño.
2. Se pone a punto para salir al trabajo.
3. Hoy tiene que asistir a una reunión.
4. Se siente cansado y le duele la cabeza.
5. Quiere cancelar la cita, pero no puede.
6. Se toma un agua sin gas y se marcha de casa.
7. Se va a la oficina y se echa la siesta allí.

▶ *ponerse a punto* = sich fertigmachen; *echar la siesta* = ein Nickerchen machen

4.2

84 1. no va a mover ni un dedo 2. no tiene pelos en la lengua 3. no tiene un pelo de tonto 4. ¡soy todo oídos! 5. ¡Ojo! 6. pillarán con las manos en la masa 7. me pones los dientes largos 8. Sello mis labios

▶ *no mover ni un dedo* = keinen einzigen Finger rühren; *no tener pelos en la lengua* = kein Blatt vor den Mund nehmen (wörtl.: keine Haare auf der Zunge haben); *no tener un pelo de tonto* = nicht auf den Kopf gefallen sein (wörtl.: nicht ein Haar eines Verrückten haben); *ser todo oídos* = ganz Ohr sein; *¡ojo!* = Vorsicht! (wörtl.: Auge!); *pillar a alguien con las manos en la masa* = jmdn. auf frischer Tat ertappen (wörtl.: jmdn. mit den Händen im Teig ertappen); *ponerle a alguien los dientes largos* = jmdm. den Mund wässerig machen (wörtl.: jmdm. lange Zähne stellen); *sellar los labios* = Schweigen bewahren (wörtl.: die Lippen versiegeln)

85 1. pantalones 2. sombrero 3. un niño con zapatos nuevos 4. camisa 5. talones 6. guante

86 1.-d. 2.-a. 3.-f. 4.-c. 5.-b. 6.-e.

▶ *pregonar a los cuatro vientos* = in alle Welt hinausposaunen; *trabajar de sol a sol* = von früh bis spät arbeiten; *hacer una montaña de un grano de arena* = aus einer Mücke einen Elefanten machen; *llover a cántaros* = in Strömen regnen; *estar más claro que el agua* = klar wie Kloßbrühe sein; *jugar con fuego* = mit dem Feuer spielen

1. jugando con fuego 2. trabaja de sol a sol 3. lloviendo a cántaros
4. pregonando a los cuatro vientos
5. está más claro que el agua
6. hace una montaña de un grano de arena

87 1. el perro y el gato 2. lobo 3. el toro
4. gallina 5. la mosca
6. del pavo 7. pez

▶ *estar como el perro y el gato* = wie Hund und Katze sein; *tener un hambre de lobo* = einen Bärenhunger haben; *coger el toro por los cuernos* = den Stier bei den Hörnern packen; *ponérsele a alguien la piel de gallina* = Gänsehaut bekommen; *tener la mosca detrás de la oreja* = misstrauisch sein; *estar en la edad del pavo* = in den Flegeljahren sein; *estar como pez en agua* = sich pudelwohl fühlen, sich wie ein Fisch im Wasser fühlen

88 1.-c. 2.-a. 3.-e. 4.-d. 5.-b.

▶ *más lento que una tortuga* = eine lahme Ente; *más veloz que un galgo* = schneller als der Blitz; *más listo que un zorro* = schlauer als ein Fuchs; *más fuerte que un toro* = stärker als ein Ochse ; *más raro que un perro verde* = höchst selten

89 Juani, chica, ¡hay que ver! Luis es más fresco que una lechuga. Nunca viene por aquí a verme, tan solo pasa alguna vez de uvas a peras y entonces pretende vivir a cuerpo de rey. Ah, pero eso sí, yo soy quien tiene la sartén por el mango en esta casa, yo decido y solo yo. No vaya a pensarse el joven que es él quien corta el bacalao. ¡Pues no! Yo quiero mucho a mi hijo, pero si tengo que esperar a que tenga un detalle conmigo, ¡nos pueden dar las uvas! El otro día vino sin avisar y se puso a hacer pucheros. ¡Eso ya fue la guinda!

▶ *ser más fresco que una lechuga* = frech wie Oskar sein; *de uvas a peras* = alle Jubeljahre; *tener la sartén por el mango* = das Heft in der Hand haben; *cortar el bacalao* = den Ton angeben; *dar las uvas* = lange warten müssen; *hacer pucheros* = einen Flunsch ziehen; *ser la guinda* = die Krönung sein

▶ Der Ausdruck *dar las uvas* hat seinen Ursprung in dem Brauch, an Silvester um Mitternacht zwölf Trauben zu essen und so das Neujahr zu begrüßen. Wenn man lange auf etwas warten muss, sagt man deshalb auch *nos van a dar las uvas*.

90 1. carretas 2. moto 3. tren
4. caballo 5. coche; pie; andando

▶ *pasar por carros y carretas* = viele Schwierigkeiten überwinden; *venderle la moto a alguien* = jmdm. einen Bären aufbinden; *llevar un tren de vida imparable* = ein sehr bewegtes, unstetes Leben führen; *caballo de batalla m* = Kernpunkt; *En el coche de San Fernando: un rato a pie y otro andando* bedeutet schlicht und einfach „zu Fuß" oder „auf Schusters Rappen".

91 1. bombero 2. carretero
3. verdulera 4. sereno

▶ *Tener ideas de bombero* = verrückte oder absurde Ideen haben (wörtl.: Feuerwehrmannsideen haben); *fumar como un carretero* = sehr viel rauchen (wörtl.: wie ein Kutscher rauchen); *hablar como una verdulera* = sehr laut sprechen (wörtl.: wie eine Gemüsehändlerin sprechen); *tomar por el pito del sereno* = nicht ernst nehmen (wörtl.: für die Trillerpfeife des Nachwächters halten)

92 1.-d. 2.-e. 3.-g. 4.-a. 5.-f.
6.-b. 7.-c.

▶ *meterle un gol a alguien* = jmdn. täuschen (wörtl.: jmdm. ein Tor stellen); *tirarse a la piscina* = etwas wagen (wörtl.: ins Schwimmbecken springen); *tener el viento a favor* = Glück haben (wörtl.: den Wind zu (seinen) Gunsten haben); *dar en el blanco* = ins Schwarze treffen (wörtl.: ins Weiße treffen); *tirar la toalla* = das Handtuch werfen; *un maratón* = eine langwierige Beschäftigung (wörtl.: ein Marathon); *una carrera contra reloj* = unter großem Zeitdruck (wörtl.: ein Wettlauf gegen die Zeit)

93 1. Sé que estás enfadada porque eres como un libro abierto.
2. Hoy me lo he pasado de película.
3. No son más que cuentos.
4. Esto es extraoficial: me he enterado entre bastidores.

▶ *ser como un libro abierto* = wie ein offenes Buch sein; *pasárselo de película* = einen Heidenspaß haben; *no ser más que cuentos* = alles nur Theater sein; *enterarse entre bastidores* = etwas hintenherum erfahren

94 1. fiesta 2. flamenca 3. gala
4. banquete 5. copas 6. gaita

▶ *tengamos la fiesta en paz* = bitte, keinen Streit!, immer mit der Ruhe!; *no estar flamenco/-a* = sich nicht wohl fühlen; *hacer gala de algo* = etw. zur Schau tragen; *darse un banquete* = sich einen Schmaus gönnen; *ir de copas* = gemeinsam etwas trinken gehen; *ser una gaita* = ein Gedudel sein, sehr lästig sein

95 1. verde 2. roja 3. azul 4. blanco
5. amarilla 6. morados

▶ *poner verde a alguien* = jmdn. abkanzeln; *ponerse rojo* = rot werden; *el príncipe azul* = der Märchenprinz; *quedarse en blanco* = einen Blackout haben; *la prensa amarilla* = die Boulevard-, Regenbogenpresse; *ponerse morado* = sich den Bauch vollschlagen

96 1. padre 2. madre 3. abuela
4. hijo 5. tía 6. padrinos

▶ *darse la vida padre* = sich ein schönes Leben machen; *ser ciento y la madre* = eine Riesenmenge sein; *no tiene abuela* = er ist sehr eingebildet (weil keine Oma ihn lobt, muss er es selbst tun); *todo hijo de vecino* = jedermann; *no hay tu tía* = da ist nichts zu machen; *tener buenos padrinos* = gute Beziehungen haben

4.3

97 1.-b. 2.-c. 3.-f. 4.-e. 5.-a.
6.-d. 7.-h. 8.-g.

▶ Wortwörtlich springt ein Grashüpfer über Berge, ist ein Dackel ein Wursthund, kratzt ein Wolkenkratzer am Himmel, tötet eine Tröte Schwiegermütter, ist eine Baybsitterin ein Känguru, sind Täubchen Popcorn und ist eine Torte eine Ohrfeige. Und ein Klatschmaul folgt dem Befehl "lauf-geh-und sage es ihm" *(corre, ve y dile)*.

98 1. chino 2. sueco 3. a la francesa
4. británica 5. rusa

99 1.-d. 2.-e. 3.-a. 4.-c. 5.-b.

100 1. Se alquila habitación.
2. Se hacen arreglos.
3. Uno nunca sabe a quién se va a encontrar.
4. Dicen que va a llover.
5. Hay que estudiar mucho para aprobar el examen.

▶ Das deutsche „man" lässt sich im Spanischen unterschiedlich ausdrücken: mit der *pasiva refleja (se alquila habitación; se hacen arreglos)* (s. Übung Nr. 253), mit *uno*, mit *dicen que* und mit *hay que*.

101 1. Son las nueve y diez.
2. Son las once quince / las once y cuarto.
3. Son las doce treinta / las doce y media.
4. Son las trece horas. / Es la una.
5. A las quince treinta / tres y media.
6. A las dieciséis cuarenta y cinco / cinco menos cuarto.
7. A las dieciocho cincuenta / siete menos diez.
8. A las cero horas / las doce de la noche / medianoche.

102 1. cómo 2. qué 3. cuál 4. cuántas veces 5. por qué 6. para qué

103 ¡Ay! ¡Vaya! Pues Bueno ¿eh?
Ojalá ¡Uf!

▶ *¡ay!* = Aua!; *¡uy!* = Upps!; *¡vaya!* = oje!; *¡venga!* = Komm schon!; *pues* = also; *porque* = weil; *bien* = gut!; *bueno* = na gut!; *¿eh?* = weißt du?; *¡bah!* = ach!; *¡ojalá!* = hoffentlich!; *tal vez* = vielleicht; *¡ah!* = ach so!; *¡uf!* = Meine Güte!

104 Die Buchstaben in Klammern sind auch möglich.
1.-d.(g.) 2.-g.(d.) 3.-f.(g.)
4.-a.(c., e.) 5.-b. 6.-c.(a.)
7.-e.(a.)

▶ *¡Qué mala suerte!* = Welch ein Pech!; *¡Vaya por Dios!* = Um Himmels willen!; *¡Qué desastre!* = Welch eine Katastrophe!; *¡Qué suerte!* = Welch ein Glück!; *¡Ya era hora!* = Das wurde aber auch langsam Zeit!; *¡Qué maravilla!* = Wie wunderbar!; *¡Menos mal!* = Zum Glück!

105 1. Conozco 2. puedes 3. Conoces
4. sé 5. Sabes 6. puedo 7. Sabe
8. Puedo
1.-b. 2.-f. 3.-e. 4.-d. 5.-a.
6.-c. 7.-g. 8.-h.

▶ *Poder* deutet auf eine Fähigkeit, eine Möglichkeit oder eine Erlaubnis hin. Wenn man etwas kann, weil man es gelernt hat, benötigt man *saber*. Wenn man etwas kennt oder sich gut mit etwas auskennt, verwendet man *conocer* (s. auch Übung 50).

106 1. Me gustas mucho.
2. ¿Te gusta pasear?
3. Esta sopa no me gusta.
4. ¡Me gusta mucho / Me encanta esta ciudad!
5. Me ha gustado mucho la novela.

107 1. Hoy tengo muchas ganas de ir al teatro.
2. Me alegro mucho de verte.
3. Me alegra que estés aquí.
4. Espero mi cumpleaños con mucha ilusión.

▶ Wenn ich mich im Spanischen „über etwas freue", sage ich *me alegro de que...* oder *me alegra que....* Das darauffolgende Verb steht im *subjuntivo*. Wenn ich mich „auf etwas freue", muss ich das umschreiben, z. B. mit *tener ganas de* (Lust haben auf), *desear vivamente* (ganz stark wünschen), *esperar con ilusión* (mit Freude erwarten) oder *esperar con impaciencia* (mit Ungeduld erwarten).

108 1. dar de alta; 2. estoy de baja 3. me han dado de alta 4. Me he dado de alta 5. la baja 6. bajas 7. una baja

▶ *darse de alta* = als Mitglied eintreten; *darse de alta como autónomo, -a* = sich selbstständig machen; *darle a alguien de alta en el hospital* = jmdn. aus dem Krankenhaus entlassen; *estar de baja* = krankgeschrieben sein; *presentar la baja* = den Krankenschein vorlegen; *hay bajas* = Verluste geben; *una baja en el precio* = eine Preissenkung

109 1. Portátil 2. ratón 3. fichero 4. carpetas 5. acceso a la red; navegar; correos electrónicos 6. usuarios 7. enlaces; página web 8. tarifa plana

▶ *acceso a la red m* = Netz-, Internetzugang; *carpeta f* = Ordner; *correo electrónico m* = E-Mail; *enlace m* = Link; *fichero m* = Datei; *navegar* = surfen; *página web f* = Website; *portátil m* = Laptop; *ratón m* = (Computer-)Maus; *usuario m* = User, Nutzer

110 1. Esta lección sí que ha terminado.
2. Sí que te digo la verdad.
3. Claro que sí, puedes seguir practicando.
4. ¡Sí que es una lástima!
5. ¡Sí que me acuerdo de ti!
6. ¡Claro que sí!
7. Tú no estás cansado/a, pero yo sí.

5.1

111 1. los barrios 2. el coche 3. la película 4. las calles 5. el avión 6. las ciudades 7. los autobuses

▶ Der bestimmte Artikel für männliche Substantive lautet im Singular *el* und im Plural *los*, für weibliche Substantive im Singular *la* und im Plural *las*.

112 el corazón, el mar, el viaje, el paraguas
los buenos, los días, los problemas
la bicicleta, la flor, la luz, la razón
las llaves, las motos
lo bueno, lo práctico

▶ Neben den männlichen bestimmten Artikeln *el* und *los* und den weiblichen *la* und *las* gibt es noch den bestimmten Artikel *lo*. Dieser steht z. B. vor substantivierten Adjektiven (*lo bueno* = das Gute), Ordnungszahlen (*lo primero* = das Erste) und Possessivadjektiven (*lo nuestro* = das Unsrige).

113 1. El chocolate 2. la tienda; los muebles; el sofá; los sillones 3. La hija; lo interesante

114 un: un error → unos errores, un hombre → unos hombres, un idioma → unos idiomas, un mes → unos meses, un niño →unos niños, un parque → unos parques, un reloj → unos relojes
una: una foto → unas fotos, una fuente → unas fuentes, una ley → unas leyes, una página → unas páginas, una región → unas regiones

▶ Der männliche unbestimmte Artikel ist im Singular *un*, im Plural *unos*. Der weibliche unbestimmte Artikel ist im Singular *una*, im Plural *unas*. Vor Substantiven bedeuten *unos* und *unas* wie *algunos* und *algunas* „einige", „ein paar", vor Zahlen „ungefähr".

115 1. un 2. Uno 3. una 4. uno 5. una

▶ Steht der unbestimmte männliche Artikel alleine, also ohne Substantiv, lautet er *uno*.

116 "1" (el/un): agua, águila, alma, ama de casa, hada, hambre
"2" (la/una): abuela, amiga, amistad, autopista, ayuda, hacienda, harina

▶ Weibliche Substantive, die mit betontem *a*- oder *ha*- beginnen, erhalten im Singular die männlichen Artikel *un* oder *el*, im Plural ganz normal die weiblichen Artikel *unas* oder *las*. Ihr Geschlecht bleibt weiblich. Ausnahme: *un/el arte* (eine/die Kunst) ist im Singular männlich; *unas/las artes* (einige/die Künste) ist im Plural weiblich.

117 1. la 2. un 3. la 4. la

▶ *el capital* = das Kapital;
la capital = die Hauptstadt
el coma = das Koma;
la coma = das Komma
el coral = die Koralle;
la coral = der Chor
el cólera = die Cholera;
la cólera = die Wut

118 1. ¿Quién dio la orden de hacerlo?
2. ¿Has visto alguna vez un cometa?
3. ¿Dónde vas a hacer / harás la cura?
4. Según el parte meteorológico, mañana va a nevar / nevará.

▶ *el orden* = die Ordnung;
la orden = der Befehl; der (Mönchs-)Orden; der Orden (Auszeichnung)
el cometa = der Komet;
la cometa = der (Flug-)Drachen
el cura = der Pfarrer;
la cura = die Kur
el parte = der Bericht;
la parte = der Teil

5.2

119 1. Ø; las (Ø); la 2. el (verschmilzt mit *de* zu *del*); los; el 3. el (verschmilzt mit *a* zu *al*); el; el (verschmilzt mit *de* zu *del*);
4. el; el; la

▶ Abweichend vom Deutschen steht im Spanischen der bestimmte Artikel bei Eigennamen, wenn man über die Person spricht *(Esta es la señora...* = Dies ist Frau ...). Redet man die Person direkt an, steht kein Artikel. Außerdem steht der bestimmte Artikel in Verbindung mit Körperteilen *(Tiene los ojos claros.* = Sie hat blaue Augen.), bei Verallgemeinerungen *(Esto es bueno para la salud.* = Dies ist gut für die Gesundheit.), bei Zeitangaben (*la semana pasada* = letzte Woche) und in Verbindung mit *me gusta (me gusta el deporte* = ich mag Sport; *nos gustan las flores* = wir mögen Blumen).

120 1. El Salvador 2. La Habana 3. Los Países Bajos 4. La Mancha 5. La Rioja

121 1. Los domingos a las once van al gimnasio.
2. Mi amiga Carla está enferma. Tiene la gripe.
3. A los once meses, mi nieta ya sabe andar.
4. Las mujeres aman a los hombres de éxito. (A las mujeres les gustan los hombres de éxito.)

122 1. Tienen un coche muy viejo.
2. Tráigame otra copa de vino, por favor.
3. Es un pianista muy famoso.
4. Vive en el centro y por eso no tiene coche.
5. Solo queda media botella de agua mineral.

▶ Vor *medio* und *otro* steht kein unbestimmter Artikel. Bei *tener* steht kein unbestimmter Artikel, wenn allgemein angegeben wird, was man hat bzw. nicht hat. Also: *Tienen coche.* (Sie haben ein Auto.) Wird das, was man hat bzw. nicht hat, näher bestimmt, steht der unbestimmte Artikel, wie in Satz 1.

123 1. Es una buena idea. ¿Pero tienes parrilla?
2. ¿Qué necesitamos para comer y beber?
3. Yo compro otras cinco botellas de vino blanco.
4. Con mucho gusto, si crees que a los otros les gusta la ensalada de patatas.
5. Solo necesito medio kilo de patatas.
6. ¿Puedes comprar unas salchichas también? (¿... algunas salchichas...?)
7. Unas diez.

▶ *Otro, -a, -os, -as* hat auch die Bedeutung „noch eins": *otro café* = noch einen Kaffee; *otra cerveza* = noch ein Bier; *otros dos trozos de pastel* = noch zwei Stück Kuchen; *otras cinco botellas* = noch fünf Flaschen.

6.1

124 männlich: *árbol* = (der) Baum, *barril* = (das) Fass, *clima* = (das) Klima, *pan* = (das) Brot, *sabor* = (der) Geschmack, *viaje* = (die) Reise, *viento* = (der) Wind
weiblich: *carta* = (der) Brief, *llave* = (der) Schlüssel, *nieve* = (der) Schnee, *niñez* = (die) Kindheit, *ópera* = (die) Oper, *postal* = (die) Postkarte, *salud* = (die) Gesundheit, *tarde* = (der) Nachmittag/Abend

▶ In der Regel männlich sind Substantive mit der Endung *-aje, -ete, -l, -o, -or*. In der Regel weiblich sind Substantive mit der Endung *-a, -ad, -ez, -ie, -ión, -triz, -tud, -umbre, -zón*. Männlich oder weiblich sind Substantive mit der Endung *-e*.

125 männlich: coche, este, puente, diente
weiblich: calle, clase
männlich und weiblich: parte

m	x	h	y	s	t	l	k
e	w	c	o	c	h	e	x
t	v	a	d	e	s	t	e
r	a	l	o	p	z	n	b
a	c	l	a	s	e	e	v
p	u	e	n	t	e	i	h
r	w	v	y	g	f	d	m
j	q	u	h	s	r	t	l

▶ *parte m* = der Bericht; *parte f* = der Teil; die Partei (bei Gericht)

126 1. carne 2. fuente 3. leche 4. torre 5. gente

127 männlich: clima, día, idioma, mapa, problema, programa
weiblich: cama, ensalada, pareja, semana, silla
männlich und weiblich: poeta

▶ Substantive mit der Endung *-a* sind in der Regel weiblich. Es gibt allerdings ein paar Ausnahmen, wie *día, mapa* und Substantive, die aus dem Griechischen kommen. Man erkennt sie an den Endungen *-ama, -ema, -ima* oder *-oma*.

128 weiblich sind: foto, mano, moto, radio

▶ Substantive mit der Endung *-o* sind in der Regel männlich. Es gibt allerdings Ausnahmen. Die wichtigsten kennen Sie jetzt.

129 1. el tío, la tía 2. el padre, la madre 3. el hijo, la hija 4. el cuñado, la cuñada 5. el yerno, la nuera 6. el padrino, la madrina 7. el rey, la reina 8. el príncipe, la princesa 9. el estudiante, la estudiante 10. el pintor, la pintora 11. el artista, la artista 12. el jefe, la jefa 13. el actor, la actriz 14. el perro, la perra 15. el gallo, la gallina 16. el toro, la vaca

130 1.-c. El 2.-d. el 3.-a. el; el 4.-b. el

▶ Die Namen von Bergen, Flüssen und Automarken sind immer männlich.

131 1. falso; es gibt auch männliche Substantive auf *-a*, z. B. *idioma m*
2. verdadero; z. B. *vino m, mano f*
3. falso; Substantive auf *-e* sind männlich (z. B. *coche*) oder weiblich (z. B. *calle*)
4. falso; *-tad* und *-dad* sind weibliche Endungen, z. B. *libertad, ciudad*
5. falso; Substantive auf *-ista* sind männlich oder weiblich, z. B. *periodista* = Journalist; Journalistin
6. verdadero; z. B. *canción, dimensión*
7. verdadero; z. B. *avión*
8. verdadero; Substantive auf *-l* sind meistens männlich, z. B. *hotel*, einige sind weiblich, z. B. *col, editorial*
9. falso; Substantive auf *-umbre* sind weiblich, z. B. *cumbre*

10. verdadero; in der Regel ja, z. B. *sillón, color,* aber es gibt Ausnahmen, z. B. *razón f, flor f*

6.2

132 Plural eines Singulars: ciudades → ciudad, costumbres → costumbre, parasoles → parasol, sábados → sábado, trenes → tren
Gleiche Form für Plural und Singular: lavaplatos, martes, sacacorchos
Nur Plural: víveres, gafas, vacaciones, tijeras

▶ Für Substantive mit *-s* am Ende gilt: Sie sind entweder der Plural eines Singulars (*sábado → sábados; tren → trenes*), oder sie haben im Singular und Plural dieselbe Form, dann kann das Substantiv Singular oder Plural sein (*el/los martes*). Und manche Substantive werden nur im Plural verwendet (*vacaciones* = Urlaub, Ferien).

133 paraguas → paraguas, color → colores, puerta → puertas, lunes → lunes, mujer → mujeres, cumpleaños → cumpleaños, instituto → institutos, monte → montes, nariz → narices, rey → reyes

134 1. países 2. canciones 3. lápices 4. crímenes 5. jóvenes

▶ Die betonte Silbe ist im Singular und im Plural gleich. Daher ist es aufgrund der Betonungsregeln manchmal erforderlich, im Plural einen Akzent zu setzen oder einen Akzent, der im Singular vorhanden ist, wegzulassen.

135 1. vez 2. miércoles 3. bar, restaurante 4. mes 5. marroquí 6. cruce

▶ *Cruces* kann auch von *cruz* (Kreuz) kommen – aber das ergäbe in diesem Satz keinen Sinn.

136 1. sacacorchos 2. abrelatas 3. cascanueces 4. cumpleaños 5. lavaplatos

▶ Die Bildung dieser Substantive folgt einem bestimmten Schema: Verb 3. Pers. Sg. + Substantiv im Plural. Ein Beispiel: *sacar* (herausziehen) und *corchos* (Korken) → *sacacorchos* (*un aparato que saca corchos* = ein Gerät, das Korken herauszieht). Substantive dieser Art sind männlich und haben im Singular und Plural dieselbe Form (*el sacacorchos, los sacacorchos*):
el/los abrelatas = Dosenöffner
el/los cascanueces = Nussknacker
el/los cumpleaños = Geburtstag
el/los lavaplatos = Geschirrspüler.

7.1

137 1.-d. 2.-f. 3.-e. 4.-a. 5.-b. 6.-c.

▶ Männliche Adjektive auf *-o* bilden die weibliche Form auf *-a*. Adjektive auf *-e* und auf *-ista* sind männlich und weiblich. Adjektive, die mit einem Konsonanten enden, sind ebenfalls männlich und weiblich, doch wird bei männlichen Adjektiven, die auf *-án, -ín, -ón* und *-or* enden, für die weibliche Form *-a* angehängt.

138 1. días soleados 2. enfermeras trabajadoras 3. calles estrechas 4. vestidos elegantes 5. partidos izquierdistas 6. estudiantes jóvenes

▶ Die Pluralform von Adjektiven wird durch Anhängen von *-s* an einen Vokal und von *-es* an einen Konsonanten gebildet.

139 La casa donde vivo es moderna y también es acogedora: tiene un diseño exclusivo y muy elegante, un jardín grande y piscina climatizada. Yo vivo en el quinto piso y tengo unas vistas formidables a la ciudad. El salón es muy amplio y soleado, con cocina americana. Tengo dos dormitorios espaciosos, dos baños preciosos y un estudio cómodo, con mucha luz. Es un edificio alto, que se encuentra junto a una zona verde muy bonita.

140 ♀ Bueno, chicos, ¿estáis listos?
♂♂ ¡Sí, estamos listos!
♀ ¿Y vosotras, chicas?
♀♀ ¡Nosotras estamos listas también!
♂♂ Y tú, mamá, ¿estás lista?
♀ ¡Estoy lista desde hace una hora!
♀ ¿Y qué tal papá... está listo? Pero... ¿dónde está papá?

▶ Nach dem Verb *estar* wird die Endung eines Adjektivs an das dazugehörige Substantiv angepasst.

141 1. camisetas negras 2. una blusa rojo oscuro 3. un vestido amarillo 4. chaquetas naranja 5. un jersey violeta 6. una falda gris 7. camisas azul claro 8. pantalones verdes 9. un camisón rosa 10. zapatos marrones

▶ Für die Formen von Farbadjektiven gelten allgemein dieselben Regeln wie für Adjektive. Zusammengesetzte Farben (z. B. *rojo oscuro* = dunkelrot) und Farben, die sich von einer Sache herleiten (z. B. *rosa* = Rose), verändern ihre Form nicht.

142 2. Las manzanas crujientes son de Alemania. Son alemanas.
3. El pescado fresco es de Dinamarca. Es danés.
4. Los bombones dulces son de Bélgica. Son belgas.
5. El queso ecológico es de Suiza. Es suizo.
6. El tequila fuerte es de México. Es mexicano.
7. Las hamburguesas grandes son de Estados Unidos. Son estadounidenses.
8. El aceite de semillas de calabaza verde marrón es de Austria. Es austríaco.

▶ Auch Nationalitätsadjektive, die auf *-o* enden, bilden die weibliche Form auf *-a*. Endet die männliche Form mit einem Konsonanten, wird für die weibliche Form immer *-a* angehängt, für den Plural an die männliche *-es* und an die weibliche *-s*.

143 1. primera 2. ningún 3. mal 4. gran 5. tercer; primero 6. buena 7. algún; ninguno

▶ Vor einem männlichen Substantiv im Singular verlieren die Ordnungszahlen *primero* und *tercero* sowie *alguno* und *ninguno* das *-o* am Ende. Ohne Substantiv behalten sie es. Vor einem männlichen Substantiv im Singular werden *bueno* zu *buen* und *malo* zu *mal* verkürzt. Aus *grande* wird vor einem männlichen und weiblichen Substantiv im Singular *gran*.

144 1. cuatrocientas treinta y una libras
2. mil quinientos un dólares
3. seis mil setecientos setenta y seis euros
4. doscientas doce mil quince coronas
5. noventa y cinco francos

▶ Zahlen mit einer „1" am Ende und Hunderter werden wie Adjektive behandelt. Vor einem weiblichen Substantiv im Singular ist „1" immer *una*, vor einem männlichen Substantiv im Singular wird es zu *un* verkürzt. Für Hunderter gibt es eine weibliche Pluralform: *doscientos euros – cuatrocientas coronas*.

145 1. tu 2. su 3. sus 4. sus 5. mis 6. nuestras 7. nuestro 8. su 9. vuestro 10. su

▶ Die Form der Possessivadjektive richtet sich nach dem dazugehörigen Substantiv. Bei *nuestro* und *vuestro* gibt es auch eine weibliche Form, bei allen anderen unterscheidet man nur zwischen Singular und Plural.

146 2. ... es la abuela de Miguel.
3. ... dónde está el paraguas de usted.
4. ¿Es el bolso de Carla? 5. Los amigos de él...

▶ Der Besitzer wird mit der Präposition *de* angeschlossen.

147 2. mía 3. suyo 4. suyos 5. míos

▶ Die betonten Possessivadjektive geben ebenfalls den Besitz an. Sie stehen alleine, ohne das Bezugswort, das schon vorher genannt wurde.

148 1. ¿Podría Ud. / Podrían Uds. quitarse los zapatos? *oder* ¿Se podría Ud. / Se podrían Uds. quitar los zapatos?
2. ¡Me duele la cabeza!
3. ¿Quieres lavarte las manos? / ¿Te quieres lavar las manos?
4. Tenía lágrimas en los ojos.
5. ¿Has encontrado el pasaporte?

▶ Körperteile, Kleidungsstücke und persönliche Gegenstände stehen häufig mit dem bestimmten Artikel, nicht mit dem Possessivadjektiv.

149 1. suyos 2. suyo 3. suyo 4. mías 5. nuestro 6. tuya 7. vuestra

▶ Stehen die betonten Possessivadjektive nach dem Substantiv, geben sie an, dass es sich um eins von vielen handelt.

150 1. tu novia; una amiga mía 2. mi vecino; colega tuyo 3. afición nuestra
4. vuestro trabajo; tarea vuestra

151 1. una de sus grandes pasiones
2. en vuestra vida 3. delante de su casa; una vecina suya 4. a tu profesor; un alumno / estudiante mío; mis cursos
5. Amor mío

7.3

152 1. ¿Tenéis una mesa redonda o cuadrada en el comedor?
2. Las blusas blancas hacen juego con tu piel morena.
3. Nos gustan las playas largas de arena blanca.
4. Para jugar al rugby se usa un balón oval.
5. ¿Dónde compraste los platos hexagonales a puntos azules?

▶ Adjektive, die zur Unterscheidung dienen, stehen nach dem Substantiv, auf das sie sich beziehen.

153 1. ciertas informaciones = gewisse Informationen; informaciones ciertas = wahre Informationen
2. diversas ideas = mehrere Ideen; ideas diversas = unterschiedliche Ideen
3. pobre gente = bedauernswerte Leute; gente pobre = arme Leute
4. una buena amiga = eine enge Freundin; una amiga buena = eine (charakterlich) gute Freundin
5. una sola persona = eine einzige Person; una persona sola = eine einsame Person
6. un único ejemplo = ein einziges Beispiel; un ejemplo único = ein einzigartiges Beispiel
7. un viejo amigo = ein langjähriger Freund; un amigo viejo = ein betagter Freund
8. grandes mujeres = bedeutende Frauen; mujeres grandes = (körperlich) große Frauen

▶ Die Bedeutung einiger Adjektive hängt davon ab, ob sie vor oder nach dem Substantiv stehen. Sind sie nachgestellt, dienen sie zur Unterscheidung. Sind sie vorgestellt, werden Sie im übertragenen Sinn benutzt.

154 1. colega joven 2. pequeño favor 3. vieja amiga; casa vieja 4. mal momento 5. móvil nuevo

▶ Das vorangestellte Adjektiv drückt eine subjektive Empfindung aus.

155 1. el primer día 2. en la casa amarilla; en la tercera planta (en el tercer piso) 3. muchas aficiones 4. otro trozo; poca hambre 5. vino catalán; cerveza alemana

▶ Die Ordnungszahlen *primero* und *tercero* sowie *mucho, poco, otro* und *medio* stehen immer vor dem Substantiv. *Primero* und *tercero* werden vor einem männlichen Substantiv im Singular zu *primer* bzw. *tercer* verkürzt.

156
◆ ¿Es la primera vez que haces una tarta de manzana?
● No, ya la he hecho muchas veces.
◆ Voy a ayudarte. ¿Cuánta harina y cuánto azúcar necesitas?
● Medio kilo de harina. Y solo poco azúcar.
● Y dame, por favor, otra manzana pequeña, 200 g de mantequilla, media taza de leche fría...

7.4

157 1. regularmente 2. realmente inteligente; fácilmente 3. mal 4. atento 5. independientemente 6. dotada; increíblemente bien

▶ Adjektive bestimmen ein Substantiv oder das Subjekt näher, Adverbien ein Verb, ein Adjektiv oder ein anderes Adverb. Das Adverb von *malo* lautet *mal*, von *bueno* ist es *bien*.

158 1. buena-c. bien 2. bien-a. buenos 3. buenas-e. bien 4. buena-b. bueno 5. buena-d. bien

▶ *Bueno/a/os/as* ist das Adjektiv, *bien* das Adverb.

159 1. mucho; muy 2. mucho 3. mucho 4. muy

▶ *Mucho* kann auch Adverb sein und beschreibt dann ein Verb oder steht in einer Antwort allein. Außerdem verwendet man es vor Adjektiven oder Adverbien, die im Komparativ stehen. *Muy* steht vor einem Adjektiv oder Adverb.

7.5

160 2. Los alemanes son más organizados que los italianos.
3. Los alemanes son menos perezosos que los españoles.
4. Las señoras españolas son más guapas que las señoras inglesas.
5. El hombre alemán es menos apasionado que el hombre español.
6. La mujer francesa es más elegante que la mujer holandesa.

▶ Vergleiche bildet man mit *más / menos* + Adjektiv + *que*.

161 1. superior 2. peor 3. menores; mayor 4. inferior 5. mejor

▶ Unregelmäßig ist der Komparativ von *bueno (mejor)* und *malo (peor)* sowie von *bajo (inferior), alto (superior), pequeño (menor)* und *grande (mayor),* wenn sie nicht konkret, sondern übertragen benutzt werden, z. B. *un edificio más alto* (ein höheres Haus), *una posición superior* (eine höhere Position). Komparative auf *-or* bilden keine weibliche Form, im Gegensatz zu Adjektiven auf *-or: mi hermana menor* (meine jüngere Schwester), *mis hermanas menores* (meine jüngeren Schwestern); *una persona trabajadora* (eine fleißige Person), *personas trabajadoras* (fleißige Personen).

162 1. que 2. de 3. de 4. que 5. de 6. que

▶ Bei Vergleichen von Zahlen, ganzen Sätzen und Satzteilen nimmt man *de* statt *que*.

163 1.-c. el más rico 2.-d. las más limpias 3.-a. la más divertida 4.-b. los más simpáticos

▶ Der relative Superlativ hat dieselbe Form wie der Komparativ. Durch einen Zusatz wird deutlich, welches von beiden wirklich gemeint ist: beim Komparativ folgt ein Vergleich, beim Superlativ fügt man etwas hinzu, z. B. *El AVE es el tren más rápido de España.* (Der AVE ist der schnellste Zug Spaniens.)

164 1. larguísimas 2. clarísima 3. blanquísima 4. amabilísima 5. limpísimos 6. dulcísimas 7. felicísimos 8. fuertísimos/fortísimos

▶ Der absolute Superlativ eines Adjektivs wird gebildet, indem man die Endung *-o, -a* oder *-io* durch *-ísimo, -ísima, -ísimos* bzw. *-ísimas* ersetzt und an einen Konsonanten anhängt. Um die Aussprache beizubehalten, ändert sich manchmal die Schreibweise, z. B. bei Satz 1 und 3. (siehe Kapitel 2.2). Zu *fuerte* gibt es zwei Formen des absoluten Superlativs: *fuertísimo* und *fortísimo*. Der absolute Superlativ von *amable* ist *amabilísimo*.

165 1. ◆ ¡Felicidades! Has escrito el mejor examen de todos.
2. ● Sí, es mejor de lo que esperaba/habría esperado.
3. ◆ Pero los otros estudiaron mucho menos que tú.
4. ● No, no es verdad. Yo no estudié más de tres horas al día.
5. ◆ No obstante, tu resultado es mejor que el de los otros. ¡Buenísimo!

166 1. mejor 2. más cómodamente 3. menos 4. peor 5. más

▶ Adverbien werden ebenfalls mit *más* gesteigert. Unregelmäßige Formen haben *bien* (*mejor*), *mal* (*peor*), *poco* (*menos*) und *mucho* (*más*).

167 1. tantos 2. tan 3. tanto 4. tantas 5. tan 6. tan

▶ Dem deutschen „(nicht) genauso ... wie" entspricht im Spanischen *tanto, -a, -os, -as* + Substantiv + *como* und *tan* + Adjektiv / Adverb + *como*. Bei einem Verb bedeutet *tanto como...* „genauso (viel) wie...".

168 1. Juan habla igual que su padre.
2. Tengo la misma profesora de español que el curso pasado.
3. Cantas igual de bien que aquella cantante de ópera.
4. Mi mejor amiga tiene los mismos intereses que yo.
5. Vivimos en un barrio igual de tranquilo que el vuestro.

▶ Vergleiche gleichen Grades lassen sich auch mit den Strukturen *igual que* und *mismo que* ausdrücken, und zwar: Verb + *igual que, igual de* + Adjektiv/Adverb + *que, el/la/los/las mismo/-a/-os-/-as* + Substantiv + *que* sowie *lo mismo que*.

169 Mögliche Übersetzungen:
1. Mi amigo es el que ha bebido más de todos.
2. Esta es la película que me interesa menos.
3. Fue él quien corrió más rápido.
4. ¿Qué jersey te gusta más?
5. Lo mejor es esperar un poco.
6. Hacer senderismo es lo que me gusta menos.

▶ Deutsche Superlative wie „am meisten" oder „am wenigsten", werden auf Spanisch häufig mit einem Relativsatz ausgedrückt. Da die Formen von Komparativ und Superlativ gleich sind, geht die Bedeutung nur aus dem Kontext hervor. „Er ist am schnellsten gelaufen" und „Er ist schneller gelaufen" heißt also auf Spanisch beides *Fue él quien corrió más rápido*.

8.1

170 1. ◆ ¿Qué idiomas habláis (vosotros)?
● Pues, aparte del alemán, que es nuestra lengua materna, yo hablo inglés y un poco de español y mi marido además italiano.

2. ◆ Nosotros somos de Zúrich, ¿y vosotras?
● (Nosotras) somos de Múnich, pero ahora (nosotras) vivimos en Hamburgo.

3. ◆ Andrés, ¿(tú) sabes cómo funciona este cañón de proyección?
● ¿Por qué (tú) me preguntas a mí? ¡Tú eres el experto! Si tú no lo sabes, ¿cómo quieres que yo lo sepa?

4. ◆ ¿Qué hacen vuestros nuevos vecinos?
● Él es periodista y ella es fotógrafa.

5. ◆ ¿Dónde pasó (Ud.) las vacaciones, Sra. Rodríguez?
● La primera semana (yo) hice una gira por Yucatán y luego (yo) estuve otra semana en Acapulco.

▶ Da man im Spanischen schon an der Endung des Verbs erkennt, um welche Person es sich handelt, benutzt man die Subjektpronomen nur zur Betonung der handelnden Personen und zur Unterscheidung zwischen „er", „sie" und „Sie" in der 3. Person Singular bzw. „sie" und „Sie" in der 3. Person Plural. *Ud.* und *Uds.* sagt man oft auch dann, wenn man es weglassen könnte. Für „wir" und „ihr" gibt es eine männliche und eine weibliche Form: *nosotros, nosotras* bzw. *vosotros, vosotras*.

171 1. lo 2. la 3. lo 4. los 5. los 6. las

▶ Für weibliche Substantive im Singular und Plural und für männliche Substantive im Plural stimmen die direkten Objektpronomen mit dem bestimmten Artikel überein. Für männliche Substantive im Singular ist das direkte Objektpronomen *lo*.

172 1. La tortilla 2. Los pinchos 3. El pollo 4. Las albóndigas 5. El pastel

▶ Das direkte Objekt steht hier am Satzanfang, weil es besonders betont wird. In diesem Fall muss es mit dem entsprechenden direkten Objektpronomen noch einmal aufgenommen werden, z. B. *La paella, la hago yo.* Im Deutschen bringt man diese Hervorhebung durch die Satzstellung oder die Betonung beim Sprechen zum Ausdruck: „Die Paella mache ich." oder „Ich mache die Paella."

173 1. le 2. os 3. les 4. Me 5. te 6. les

174 2. Claro que se lo dejo. 3. ¿Creéis que os la dijeron? 4. Se la regaló. 5. ¿Me lo das, por favor? 6. Sí, claro, se los traduzco.

▶ In einem Satz mit einem direkten und einem indirekten Objektpronomen steht erst das indirekte und dann das direkte. Vor *lo, la, los* und *las* werden *le* und *les* zu *se*.

175 1. ¿Le has devuelto ya el libro?
2. ¿No le interesa nada?
3. ¿Qué nos aconsejáis?
4. ¿Ya os lo han contado?
5. ¡Un hotel maravilloso! ¿Se lo recomendaron en la agencia de viajes?
6. ¿Cuándo te ha mostrado la foto?
7. ¿Por qué la policía me puso una multa solo a mí?

176 2. vosotros; A mí, sí.; A mi marido, no.
3. él; A sus hijos, sí.; A su mujer, tampoco.
4. nosotros; A Ud., sí.; A ti, tampoco.
5. Uds. (ellos); A ellas, también.; A nosotros, no.

▶ Mit *(no) me gusta* kann man seine Vorlieben und Abneigungen ausdrücken. Hierbei benötigt man die unbetonten indirekten Objektpronomen (*me gusta* = mir gefällt, ich mag) und zur Hervorhebung die betonten indirekten Objektpronomen (*a mí me gusta* = mir gefällt, ich mag). Ein betontes indirektes Objektpronomen wird mit dem entsprechenden unbetonten wieder aufgenommen. Zustimmung zu einem positiven Satz gibt man in Verbindung mit *también*, zu einem negativen mit *tampoco*. Widerspruch gegen einen positiven Satz äußert man in Verbindung mit *no*, gegen einen negativen mit *sí*.

177 1. ¿Puedo comprarme otro helado de fresa? / ¿Me puedo comprar...?
2. Sus CDs se los deja siempre a sus amigos. / ...a sus amigos siempre.
3. Ya le he enviado mi dimisión a mi jefe.
4. ¿Por qué no me estás escuchando? / ¿Por qué no estás escuchándome?

▶ Die Objektpronomen stehen vor dem konjugierten Verb. Erhält ein Satz zusätzlich einen Infinitiv oder ein Gerundium, kann man die Objektpronomen auch daran anhängen. Wenn sich durch das Anhängen die Betonung des Infinitivs oder Gerundiums ändern würde, muss man einen Akzent setzen.

8.2

178 1.-c. que 2.-f. que / a quien 3.-e. que 4.-a. que 5.-g. que / quienes 6.-b. que 7.-d. que / quienes

▶ Das Relativpronomen *que* bezieht sich auf Personen und Sachen. Für Personen werden auch *quien* (im Singular) und *quienes* (im Plural) benutzt. Die Präposition *a* zur Angabe des Akkusativs einer Person steht vor *quien* und *quienes*, aber nicht vor *que*.

179 1. delante de la que 2. con quien 3. donde 4. cuando 5. para el que 6. lo que

180 1. cuyos 2. cuyo 3. cuya 4. cuyas 5. cuya

▶ Das Bezugswort, nach dem sich die Endung von *cuyo* richtet, ist das darauffolgende Substantiv, nicht wie im Deutschen der „Besitzer".

8.3

181 1. algo; nada 2. alguna 3. ninguna 4. Alguien; nadie 5. algunos; ningún

▶ Vor einem männlichen Substantiv im Singular wird *alguno* zu *algún* und *ninguno* zu *ningún* verkürzt.

182 1. toda la mañana 2. toda la noche 3. todas las novelas 4. todos los días / cada día; todo el día 5. todas las tardes

▶ *Todo el / toda la* + Substantiv im Singular bedeutet „der/die/das ganze ....". *Todos los / todas las* + Substantiv im Plural wird mit „jede/jeder/jedes", „alle" übersetzt. In den meisten Fällen kann man dafür auch *cada* + Substantiv im Singular verwenden (Satz 4).

183 1. Ninguno de vosotros le ha ayudado.
2. Cada una de ellas sabe lo que tiene que hacer.
3. Todos los años para Navidad viene su hija. / Todos los años viene su hija para Navidad.
4. ¿Te has encontrado con alguien en el centro?
5. Estoy seguro de que algún día os dirán la verdad / os dirán la verdad algún día.

▶ Statt *todos los / todas las* + Substantiv kann man in den meisten Fällen auch *cada* + Substantiv im Singular verwenden, z. B. Satz 3: *Cada año para Navidad...*

8.4

184 1. ¿Cómo te llamas?
2. ¿De dónde eres?
3. ¿Cuántos años tienes?
4. ¿Estás casada?
5. ¿Dónde trabajas?
6. ¿Qué tienes que hacer? (¿Qué haces?)
7. ¿A qué hora empiezas a trabajar?
8. ¿Quién es tu jefe?
9. ¿Qué haces los fines de semana? / ¿A dónde / Adónde vas los fines de semana?
10. ¿Por qué vas a la montaña?

185 1. Cuál (Cuáles); Qué 2. Qué; Cuál 3. Qué; Cuál

▶ Mit *¿qué?* fragt man ganz allgemein nach Dingen. Mit *¿cuál? / ¿cuáles?* und *¿qué?* + Substantiv wählt man aus einer Anzahl gleichartiger Dinge aus.

9.1

186 1. al; En 2. a; en; en; en; a 3. en; en; en; al 4. al; A; en 5. a; en

▶ Mit *a* + (Artikel) + Substantiv gibt man an, wohin man geht (*a* + *el* = *al*). Mit *en* gibt man an, wo sich eine Person oder Sache befindet.

187 1. a mano; en el ordenador 2. en alemán 3. a la valenciana 4. A cuántos estamos 5. A cuánto has dicho que están 6. a la mesa; en la mesa

188 1. Ø; a 2. Ø 3. A; al 4. a 5. a

▶ Die Präposition *a* steht zur Angabe des Dativs von Personen und Sachen und zur Angabe des Akkusativs von Personen. Liegt der Schwerpunkt nicht auf der Person, sondern auf der Funktion (Satz 2), steht der Akkusativ ohne *a*.

189 1. a 2. por 3. de 4. hacia 5. a 6. en 7. en 8. en

▶ Für Tageszeiten verwendet man *por* (*por la tarde* = nachmittags, abends), wenn gleichzeitig die Uhrzeit angegeben wird *de* (*a las siete de la tarde* = um sieben Uhr abends).

190 1. Sus joyas son de oro puro.
2. Mercè da clases de catalán en un instituto de idiomas.
3. ¿De quién es el bebé del brazo de Juana?
4. Venden productos solidarios de muchos países de África.
5. ¿Cuántas botellas de vino necesitamos para la fiesta?

▶ Die Präposition *de* wird verwendet zur Angabe des Materials (*de oro*), der Herkunft (*de África*), zur Identifizierung einer Person (*el señor del sombrero*), für Mengenangaben (*una botella de cerveza*), für deutsche zusammengesetzte Substantive (*una fábrica de coches* = eine Autofabrik).

191 1. Por favor; por escrito 2. ni por dinero 3. Por casualidad 4. para siempre 5. Para mí; por eso 6. por ejemplo 7. para su edad

192 1. por 2. para; para 3. para; por 4. por 5. por 6. para 7. por; por

▶ *para* = Zweck und Absicht, Richtung und Ziel, für einen Zeitpunkt, Menge, Meinung; *por* = Ursache und Grund, Mittel, Art und Weise, Angabe von Zeit, Preis, „zugunsten von"

193 Por la mañana me levanto temprano. Desayuno un café con leche y me visto para ir a la oficina. Generalmente voy en metro al trabajo. Raramente voy en coche, ya que hay mucho tráfico en horas punta. Cuando llega el buen tiempo, a veces voy a pie. Me gusta escapar de la rutina. Hoy tengo muchas ganas de hacer deporte. Voy a trabajar hasta la hora de salida y, cuando llegue a casa, iré a hacer footing por el parque con mi perro.

▶ mit ... = *con...*; aber: mit mir = *conmigo*; mit dir = *contigo*; mit sich = *consigo*

194 1. llegar a 2. terminar de 3. acordarse de 4. empezar a 5. interesarse por 6. salir para 7. hablar sobre

9.2

195 1. Los calcetines están debajo del sofá.
2. La botella de cerveza está encima del armario. / ... sobre el armario. / ... en el armario.
3. El móvil está al lado de la botella de cerveza. / ... junto a la botella...
4. El periódico está detrás del sillón.
5. La taza de café vacía está a la izquierda del sillón.

6. Los zapatos sucios están delante de la ventana.
7. Y el gato está durmiendo dentro de su cestita. / ... en su cestita.

▶ In zusammengesetzten Präpositionen steht meistens zusätzlich *de*, nach *junto* steht *a*.

196 1. de 2. Ø 3. de 4. de 5. para 6. a 7. de

197 1. abajo 2. debajo 3. bajo 4. tras 5. atrás 6. detrás 7. ante 8. delante 9. adelante

▶ *abajo* = unten, nach unten; *debajo de* = unter (räuml.); *bajo* = unter (übertragen und räuml.); *atrás* = nach hinten, *detrás (de)* = hinter, nach (räuml.), *tras* = hinter (räuml.), nach (zeitl.); *adelante* = nach vorn, *delante (de)* = vor (räuml.), *ante* = vor (räuml. und übertragen)

198 1. delante 2. después 3. antes 4. detrás 5. antes 6. delante

▶ *delante (de)* = vor (räuml.), *antes (de)* = vor (zeitl.); *detrás (de)* = nach, hinter (räuml.), *después (de)* = nach (zeitl.)

199 1. desde hace tres años 2. desde el uno de marzo 3. desde hace seis semanas 4 desde Navidad

▶ Auch möglich statt *desde hace*: *hace... que* oder *llevar + gerundio*: *Estudia español desde hace dos años. / Hace dos años que estudia español. / Lleva dos años estudiando español.* (Er studiert seit zwei Jahren Spanisch.)

200 Hoy no tengo tiempo para nada. Tengo la agenda llena y voy con prisas a todas partes. Ahora ya tendría que estar en la consulta del médico. Sin embargo, hace una hora que estoy en un atasco. ¡Siempre igual! No llego a tiempo a ningún sitio desde que vivo en esta ciudad. Llevo días pensando en mudarme a las afueras. Desde el verano del 2010 no ha cambiado nada: trabajo todo el día y no consigo salir del estrés.

201 1. mientras 2. durante 3. mientras 4. Mientras 5. Durante

▶ Ob man *durante* oder *mientras* verwendet, hängt von der Struktur ab: Präposition *durante* + Substantiv, Konjunktion *mientras* + Satz. Einen Unterschied in der Bedeutung gibt es nicht. *Durante las vacaciones...* (Während des Urlaubs ...), *Mientras estábamos de vacaciones,...* (Während wir im Urlaub waren, ...).

202 2. Mientras estaba en España hice un curso de español.
3. No está permitido beber alcohol mientras se trabaja.
4. Mientras estaba en el hospital leyó muchos libros.
5. Conoció a su mujer mientras estudiaba en Buenos Aires.

10.1

203 1. hay 2. está 3. había 4. hay 5. está 6. están 7. estuvisteis 8. hay

▶ Mit *estar* gibt man an, wo sich bekannte und bestimmte Personen oder Sachen befinden. Die Form richtet sich nach dem Subjekt. Substantive stehen mit bestimmtem Artikel oder Possessiv- oder Demonstrativadjektiven. *Hay* ist unveränderlich und gibt an, dass eine unbestimmte Person oder Sache allgemein vorhanden ist. Substantive stehen mit unbestimmtem Artikel, ohne Artikel, Zahlen oder Zahlwörtern.

204 1. estás; estoy 2. estado; estuvimos 3. es; es 4. es; Es; Es; 5. están; están, son 6. es; Son 7. sois; somos; estado 8. está; Está; son 9. es; Está

▶ *Estar* gibt an, wie es jemandem geht oder wo sich eine Person bzw. Sache befindet. In Verbindung mit *a* gibt es Preis oder Entfernung an. *Ser* wird verwendet zur Angabe der Person, Herkunft, Nationalität, Religion, Uhrzeit, Zugehörigkeit, des Berufes, Materials und Veranstaltungsortes. Der Familienstand wird mit *estar (Estoy casado.)* oder *ser (Es soltero.)* angegeben.

205 1. En el Museo del Prado hay obras de grandes pintores. (~~son~~)
2. El museo está cerca del Parque del Retiro. (~~hay~~)
3. En el parque hay un lago artificial. (~~es~~)
4. El lago es una de las atracciones del parque. (~~está~~)
5. Hay también muchos otros museos en Madrid. (~~están~~)

206 1. está 2. es; está 3. estaba 4. está 5. está 6. estaban 7. Son

▶ In Verbindung mit Adjektiven gibt *estar* einen Zustand oder vorübergehende Merkmale einer Person oder Sache an, *ser* steht in Verbindung mit wesentlichen und unveränderlichen Eigenschaften. *El azúcar es dulce.* = Zucker ist (immer) süß. *El café está dulce.* = Der Kaffee ist süß (nicht grundsätzlich, sondern weil jemand Zucker hineingetan hat).

207 1. a. Es aburrido. b. Jorge, ¿estás aburrido?
2. a. ... los niños todavía están despiertos. b. Carlitos es muy despierto.
3. a. ¡Está riquísima! b. No es muy rico.
4. a. Ahora estoy muy cansado / cansada. b. Es muy cansado.
5. a. Es muy listo. b. ¿Estás listo / lista para el teatro?

▶ Einige Adjektive ändern ihre Bedeutung, je nachdem ob sie mit *ser* oder *estar* verwendet werden.

10.2

208 1. te levantas; me despierto; me levanto; ducharme; me visto; me he levantado
2. Te afeitas; se afeita; me afeito
3. peinarte; se peina
4. te despiertas; te acuestas; me acuesto; levantarme

▶ Die Form der Reflexivpronomen richtet sich nach dem Subjekt. Sie stehen vor dem konjugierten Verb. An einen Infinitiv und ein Gerundium können sie angehängt werden.

209 1. Ø 2. se; Ø 3. Ø; Ø; Ø; se; se; se 4. me; me 5. Ø 6. Ø 7. te

▶ Es gibt Verben, die entweder mit einem Reflexivpronomen stehen, oder ein Objekt (und dann kein Reflexivpronomen) haben.

210 1. se me ha dormido 2. nos hemos perdido 3. te has comido 4. perdí 5. tomarnos 6. fuma; se fumó 7. se ha olvidado

▶ Die Bedeutung von normalerweise nicht reflexiven Verben ändert sich leicht, wenn sie mit einem Reflexivpronomen verwendet werden: *comer* → *comerse* (essen → aufessen); *dormir* → *dormirse* (schlafen → einschlafen); *fumar* → *fumarse* (rauchen → wegrauchen); *olvidar* → *olvidarse* (vergessen → völlig vergessen); *perder* → *perderse* (verlieren → sich verlaufen); *probar* → *probarse* (probieren → anprobieren); *tomar* → *tomarse algo* (etwas essen/trinken → etwas essen/trinken gehen)

211 1. nos acostamos 2. mejora (va a mejorar; mejorará) 3. recordar (acordarme de) 4. se calla 5. se encuentran 6. quedasteis (habéis quedado) 7. se quedó 8. ha empeorado 9. Relajarme
1. zu Bett gehen *acostarse* 2. sich bessern *mejorar* 3. sich erinnern *recordar / acordarse de* 4. schweigen *callarse* 5. sich treffen *encontrarse* 6. sich verabreden *quedar* 7. bleiben *quedarse* 8. sich verschlechtern *empeorar* 9. relaxen *relajarse*

▶ Manchmal entspricht einem reflexiven spanischen Verb ein nicht reflexives Verb im Deutschen – und umgekehrt. Für das deutsche „sich erinnern" gibt es im Spanischen ein reflexives und ein nicht reflexives Verb: *recordar algo* und *acordarse de algo*.

10.3

212 Diese Verben verändern ihren Stammvokal:
1. sentir: yo siento, nosotros sentimos
3. recomendar: tú recomiendas, vosotros recomendáis
5. entender: Ud. entiende, nosotros entendemos
6. servir: tú sirves, vosotros servís
7. mover: ella mueve, vosotros movéis
9. dormir: Uds. duermen, vosotros dormís
10. jugar: yo juego, nosotros jugamos
Diese Verben verändern ihren Stammvokal nicht:
2. recibir: él recibe, vosotros recibís
4. comprender: yo comprendo, nosotros comprendemos
8. tocar: él toca, nosotros tocamos

▶ Diphthongverben verändern im *presente de indicativo* und *presente de subjuntivo* in der 1., 2., 3. Pers. Sg. und der 3. Pers. Pl. ihren Stammvokal wie folgt: *e* → *ie*, *o* → ue und *e* → *i*. Bei *jugar* wird *u* zu *ue*. In der 1. und 2. Pers. Pl. bleibt der Stammvokal erhalten.

213

R	E	D	U	C	I	R	É					
				A	G	R	A	D	E	Z	C	O
P	E	R	M	A	N	E	Z	C	A			
			P	R	O	D	U	C	Í	A	N	
			C	A	R	E	C	E	N			
			T	R	A	D	U	J	I	M	O	S
			C	O	N	D	U	Z	C	O		
	O	F	R	E	C	E	R	É	I	S		
		N	A	C	I	S	T	E				
				P	A	R	E	C	E	R	Í	A

Lösungswort: ignorancia

▶ Verben mit der Endung *-acer*, *-ecer*, *-ocer* und *-ucir* haben in der 1. Pers. Sg. *presente de indicativo* die Endung *-zco*. Darüberhinaus haben Verben auf *-ucir* im *indefinido* den Stamm *-uj-* (*producir – yo produzco – yo produje*)

214 1. almorzar 2. comenzar 3. comer 4. conducir 5. construir 6. enviar 7. estar 8. ir / ser 9. leer 10. llegar 11. pedir 12. perder 13. poder 14. poner 15. querer 16. romper 17. servir 18. subir 19. traer 20. volver

215 1. supe 2. Hicieron 3. disteis 4. prefirió 5. Dormiste 6. vimos 7. Vino

216 4. irá 5. iría 6. querría 7. sería 8. será 9. seré 10. vendré 11. vendremos 12. vendríamos 13. habríamos 14. habríais 15. viviríais 16. viviréis 17. vivirán 18. verán 19. verían 20. sabrían 21. sabrías 22. podrías 23. podrás 24. harás

▶ Verben, die im *futuro simple* einen unregelmäßigen Verbstamm haben, haben diesen auch im *condicional simple*.

217 pi: crecía, decía, hacía, prefería, seguía, tenía, traía
cs: elegiría, encontraría, estaría, habría, haría, iría, pediría, pensaría, sabría, tendría

▶ Zur Bildung des *pretérito imperfecto* wird bei den Verben auf *-er* und *-ir* die Endung *-ía* an den Verbstamm gehängt. Zur Bildung des *condicional simple* wird bei den Verben auf *-ar*, *-er* und *-ir* die Endung *-ía* an den Infinitiv gehängt.

218 1. tome 2. vuelvas, pidas 3. conduzca, beba 4. lavéis, toquéis 5. escriban, vendan 6. guste, llegue 7. trabajen

▶ Verben auf *-ar* haben im *presente de subjuntivo* in der Endung ein *e*, Verben auf *-er* und *-ir* ein *a*. Stamm für das *presente de subjuntivo* ist die 1. Pers. Sg. *presente de indicativo*. Bei Verben mit Stammänderung wird die Änderung in den Singular und in die 3. Pers. Pl. des *presente de subjuntivo* übernommen.

219 1. recibieron, recibiera 2. tuvieron, tuviéramos 3. fueron, fueras 4. supieron, supiera 5. fueron, fuerais 6. rieron, rieran 7. durmieron, durmiera

▶ Stamm für die Bildung des *imperfecto de subjuntivo* ist die 3. Pers. Pl. Indefinido. An die Stelle der Endung *-ron* tritt *-ra*. Neben der Bildung mit *-ra-* gibt es auch die Bildung mit *-se-*: *fuera* = *fuese*.

220 1. leyó; 2. ibas 3. puso 4. saldrían 5. escuchéis 6. corrijo 7. vendremos 8. permitíais

221 Presente de indicativo: cojo, construyo, despiertas, doy, salgo, venís
Presente de subjuntivo: lean, llores, prefiramos, quite, reconozca, sepa
Pretérito imperfecto: éramos, estabais, iba, llamabas, vendían
Indefinido: construyó, di, dijeron, murieron, perdiste, tomasteis, vi
Futuro simple: beberemos, habrá, irán, limpiaremos, pondréis, probaré

▶ Die Verben in dieser Übung stehen stellvertretend für ihre Gruppe und Klasse. Hier Merkmale einiger dieser Verben:
cojo von *coger*: Zur Erhaltung der Aussprache ändert sich der Verbstamm.
construyo und *construyó* von *construir*: In allen Formen wird hinter dem *u* ein *y* eingeschoben, außer wenn ein betontes *i* folgt, z. B. *construiste*
despiertas von *despertar*: In der 1., 2., 3. Pers. Sg. und 3. Pers. Pl. *presente indicativo* und *presente de subjuntivo* ändert sich der Verbstamm von *e* → *ie*.
habrá von *haber*: Der Verbstamm, an den die Endungen des *futuro simple* angehängt werden, ist verändert.
limpiaremos von *limpiar*: Bei regelmäßigen Verben auf *-er* (und *-ar*, *-ir*) werden die Endungen des *futuro simple* an den Infintiv angehängt.
llamabas von *llamar*: Regelmäßige Verben auf *-ar* haben im *pretérito de imperfecto* die Endung *-aba*.
murieron von *morir*: Bei Verben auf *-ir* mit der Stammveränderung *o* → *ue* wird im *indefinido* in der 3. Pers. Sg. und Pl. das *o* zu *u*.
prefiramos von *preferir*: Bei Verben auf *-ir* mit der Stammveränderung *e* → *ie* wird in der 1. und 2. Pers. Pl. im *presente de subjuntivo* das *e* zu *i*.
salgo von *salir*: Wenn bei einem Verb die 1. Pers. Sg. *presente de indicativo* unregelmäßig ist, bildet sie auch den Stamm für die Formen des *presente de subjuntivo*.
vendían von *vender*: Regelmäßige Verben auf *-er* haben im *pretérito imperfecto* die Endung *-ía*.

10.4

222 1. abierto 2. cubierto 3. dicho 4. escrito 5. hecho 6. muerto 7. puesto 8. resuelto 9. roto 10. salido 11. sido 12. tomado 13. visto 14. vuelto.
Regelmäßig ist das *participio* von *salir*, *ser* und *tomar*.

▶ Um die regelmäßigen Partizipien zu bilden, wird bei den Verben auf *-er* und *-ir* die Endung *-er* und *-ir* jeweils durch *-ido* ersetzt, bei den Verben auf *-ar* durch *-ado*.

223 2. esta mañana he tomado solo un café con leche.
3. este sábado habéis visto un vídeo en casa.
4. este año han trabajado.
5. hoy no han tenido clase.
6. este invierno has esquiado en los Pirineos.
7. este domingo no ha jugado.

▶ Das *pretérito perfecto* wird mit dem *presente* des Hilfsverbs *haber* + *participio* gebildet. Die Form von *haber* richtet sich nach dem Subjekt. Das *participio* ist unveränderlich.

224 2. Sí, ya lo he llamado. 3. No, todavía no la he escrito. 4. No, todavía no lo hemos decidido. 5. Sí, ya los he hecho.

▶ *Haber + participio* dürfen nicht voneinander getrennt werden. Personalpronomen stehen vor der Form von *haber*, die Verneinung steht noch vor dem Pronomen. Gibt es kein Pronomen, steht die Verneinung vor der Form von *haber*.

225 1. ¿Quién os lo ha regalado?
2. No recuerdo si ya te lo he dicho o no.
3. Ud. todavía no ha estado nunca en Ibiza, ¿verdad?
4. No hemos entendido lo que nos ha explicado.
5. Esta tarde ha venido una amiga mía.

226 1. habían vuelto 2. habías visto
3. había estado; había salido
4. habíamos empezado 5. había trabajado

▶ Das *pretérito pluscuamperfecto* wird mit dem *pretérito imperfecto* des Hilfsverbs *haber + participio* gebildet. Die Form von *haber* richtet sich nach dem Subjekt. Das *participio* ist unveränderlich.

227 1. ¿Por qué no lo has hecho? Te lo había dicho.
2. ¿Ya has almorzado hoy?
3. Este mes ha trabajado mucho, pero no ha ganado más.
4. Él me había escrito un correo antes de la reunión. Por eso ya lo sabía todo.

228 1 habremos terminado 2. se habrá jubilado 3. habréis comprado
4. habrás escrito 5. se habrán mudado

▶ Das *futuro compuesto* (Futur II) wird mit dem *futuro simple* des Hilfsverbs *haber + participio* gebildet.

229 1.-d. Habrías sabido 2.-c. habríamos enviado 3.-a. habríais ido 4.-b. habría aprobado

▶ Das *condicional compuesto* (Konditional II) wird mit dem *condicional simple* des Hilfsverbs *haber + participio* gebildet. Es wird vor allem in irrealen Bedingungssätzen verwendet (siehe Übung 267).

10.5

230 Pretérito perfecto: aún, hoy, todavía no, esta mañana
Indefinido: anoche, hace dos años, en 2010, ayer
Pretérito imperfecto: en aquella época, antes, de niño, durante el día

231 1. estuve 2. has escrito 3. has visto; vi 4. me encontré 5. tuve
6. he probado

▶ Die Handlung im *indefinido* ist bereits abgeschlossen, die Handlung im *pretérito perfecto* hat noch einen Bezug zur Gegenwart.

232 1. Cuando era niño jugaba en el bosque
2. La abuela preparaba tarta de manzana los domingos
3. Mis amigos venían a buscarme a casa
4. Antes todo era mejor

▶ Wenn Sie erzählen, wie etwas früher war, verwenden Sie das *pretérito imperfecto*.

233 1. No, en Hamburgo. Hasta ahora nunca hemos estado en Viena.
2. pero todavía no las hemos escrito.
3. mis hijos jugaban. 4. Hoy no, anoche sí. Estuvimos en el cine.

▶ In Satzgefügen aus Haupt- und Nebensatz und in inhaltlich zusammenhängenden Hauptsätzen, in denen das *pretérito perfecto* und das *indefinido* vorkommen, verwendet man das *pretérito perfecto* für Handlungen, die in enger Beziehung zur Gegenwart stehen. Das *indefinido* bezieht sich auf Handlungen, die in der Vergangenheit stattfanden und abgeschlossen sind. Geht es im Haupt- und Nebensatz um Handlungen, die gleichzeitig ablaufen, stehen beide im *pretérito imperfecto.*

234 1. Volvía en metro, cuando vi a Luis en el vagón.
2. Paseábamos juntos y, de pronto, Marcos se cayó.
3. Te llamé anoche, pero no estabas.
4. Como no tenían dinero, no fueron de vacaciones.

▶ Ist eine Handlung in der Vergangenheit noch nicht abgeschlossen, wenn eine andere Handlung einsetzt, steht die noch nicht abgeschlossene Handlung im *pretérito imperfecto*, die neu einsetzende im *indefinido*. Ebenso im *pretérito imperfecto* stehen Situationen in der Vergangenheit, vor deren Hintergrund eine Handlung stattfindet.

235 Querida Yolanda:
Te escribo desde Cadaqués, donde estamos pasando las vacaciones. Llegamos hace dos semanas y nos lo hemos pasado estupendamente hasta ahora.
El fin de semana pasado estuvimos en una cala preciosa. Nos quedamos allí a pasar todo el día. Llegamos temprano: la playa aún estaba vacía, ¡increíble!
El mar estaba tranquilo y corría una brisa muy agradable. Hacia las diez vinieron los primeros bañistas y la arena se llenó de toallas enseguida. Pasamos un día muy bonito en la playa.
Mañana vamos a visitar el Museo Dalí en Figueres. Manuel ha estado allí ya varias veces y me ha hablado mucho de él. Seguro que es muy interesante. ¡Ya te contaré!
Un abrazo y hasta pronto,
Maribel

10.6

236 1. ... no va a trabajar. / ... no trabajará.
2. ... van a servir ... / ... servirán ...
3. ... vas a acostarte ... (... te vas a acostar ...) / ... te acostarás ...
4. Van a cerrar ... / Cerrarán ...
5. ¿Nos vais a escribir ...? (¿Vais a escribirnos ...?) / ¿Nos escribiréis ...?

▶ Man verwendet das *presente de indicativo*, wenn der Satz eine zukünftige Zeitangabe enthält oder vom Kontext her klar ist, dass von der Zukunft die Rede ist. Die Konstruktion *ir + a* + Infinitiv wird im normalen Sprachgebrauch für Handlungen verwendet, die man tun will. Mit dem *futuro simple* werden vor allem Vorhersagen gemacht und Mutmaßungen angestellt (siehe Übung 238 und 239).

237 1. llover; hacer 2. saber 3. poder 4. caber 5. venir 6. querer 7. vender 8. poner

▶ Bei *caber, hacer, poder, poner, querer, saber, salir, venir* und außerdem bei *decir* (*dir-*), *haber* (*habr-*) und *tener* (tendr-) ändert sich im *futuro simple* der Stamm. Diese Formen muss man einfach lernen.

238 1. Estará 2. Se habrá quedado dormido. 3. Serán 4. Se habrá olvidado

▶ Vermutungen bringt man im Spanischen mit dem *futuro* zum Ausdruck. Bezieht sich die Vermutung auf den jetzigen Zeitpunkt (was wird wohl gerade sein?), benutzt man das *futuro simple*. Mit dem *futuro compuesto* gibt man an, was in der Vergangenheit geschehen sein mag. Vermutungen lassen sich außerdem mit unpersönlichen Ausdrücken wie *es posible que..., es probable que..., probablemente...* äußern. Das Verb steht danach im *subjuntivo*.

239 1. tendremos 2. lloverá 3. nevará 4. hará 5. estará 6. habrá
7. Ganaré un viaje a la Patagonia.
8. Mi amiga me hará un gran regalo.
9. Mis padres comprarán una casa.
10. Encontraré a mi príncipe azul.

▶ Wetterbericht und Horoskop sind typische Situationen, in denen das *futuro simple* verwendet wird, da sie vorhersagen, was geschehen wird.

10.7

240 1. estoy leyendo 2. estoy mirando 3. Me lo estoy probando 4. están durmiendo 5. está haciendo 6. Estuve estudiando

▶ Mit *estar + gerundio* drückt man eine Handlung in ihrem Verlauf aus. Auf Deutsch wird diese Konstruktion als Verlaufsform bezeichnet.

241

Carlos87	estás haciendo; estás estudiando
Susi92	estoy navegando; estudio
Carlos87	hacemos
Carlos87	vives
Susi92	estoy haciendo

▶ Handlungen, die man gewöhnlich tut, stehen im *presente*. Handlungen, die gerade ablaufen, drückt man mit der Verlaufsform (*estar + gerundio*) aus.

242 1.-c. 2.-e. 3.-d. 4. a. 5. b.

▶ Ein temporaler (Zeit), kausaler (Grund), modaler (Art und Weise), konditionaler (Bedingung) oder konzessiver (Folge) Nebensatz kann durch die Konstruktion mit einem *gerundio* ersetzt werden. In der Regel sind Subjekt und Zeitebene (Gegenwart, Vergangenheit oder Zukunft) die gleichen wie im Hauptsatz. Pronomen werden in dieser Konstruktion direkt an das *gerundio* angehängt (*habiéndote llamado*).

243 1. Explicándomelo, te podré dar un consejo.
2. Ayer vi a tu tía charlando con su vecina.
3. ¿Qué museos visitasteis estando en Madrid?
4. Habiendo vuelto de la oficina, preparé la cena.

10.8

244 1. escuchar, escucha, escuchad, escuche, escuchen
2. empezar, empieza, empezad, empiece, empiecen
3. escribir, escribe, escribid, escriba, escriban
4. comer, come, comed, coma, coman
5. pedir, pide, pedid, pida, pidan
6. contar, cuenta, contad, cuente, cuenten
7. dormir, duerme, dormid, duerma, duerman
8. cerrar, cierra, cerrad, cierre, cierren

▶ Der regelmäßige Imperativ für *tú* stimmt in allen Konjugationen mit der 3. Pers. Sg. Indikativ überein. Der regelmäßige Imperativ für *Ud.* und *Uds.* stimmt in allen Konjugationen mit dem *presente de subjuntivo* in der jeweiligen Person überein. Für den Imperativ für *vosotros* tritt *-d* an die Stelle des *-r* der Infinitiv-Endung. Übrigens gibt es auch einen Imperativ für *nosotros,* der ebenfalls mit der Form des *subjuntivo de presente* übereinstimmt und mit „lasst uns ..." übersetzt wird: *juguemos* (lasst uns spielen; kommt, wir spielen).

245 1. ¡Tenga cuidado!
2. Por favor, ¡hablad más despacio!
3. ¡Hazlo enseguida!
4. ¡Pónganse un abrigo!
5. ¡Venid conmigo!
6. ¡Juguemos al fútbol, no a un videojuego!
7. ¡Sigue al guía!

▶ Einige Verben haben für *tú* einen unregelmäßigen Imperativ. Hier sind es *hacer* → *haz, poner* → *pon, tener* → *ten, venir* → *ven.*

▶ Ein Pronomen wird an den bejahten Imperativ angehängt.

246 1. ¡Quítese la blusa y los pantalones, por favor!
2. ¡Estírese en esta camilla de tratamiento, por favor!
3. ¡Échese boca abajo, por favor!
4. ¡Abra y cierre las manos, por favor!

247 1. ¡No apagues la luz! 2. ¡Cómelo!
3. ¡Ayúdale! 4. ¡No se lo digas!
5. ¡No sirvas bebidas muy frías!
6. ¡Haz los deberes! 7. ¡No les ofrezcas champán!

▶ Der verneinte Imperativ stimmt in allen Formen mit dem *presente de subjuntivo* überein. Pronomen werden ihm vorangestellt. An den bejahten Imperativ werden Pronomen angehängt. Da die Betonung des Imperativs ohne Pronomen erhalten bleiben soll, muss beim Anhängen der Pronomen manchmal ein Akzent gesetzt werden.

248 1. ¡Devuélveselos el mismo día!
2. ¡Cerradla antes de salir! 3. ¡No nos molestéis nunca jamás! 4. ¡No me llames nunca después de las diez!
5. ¡Infórmense antes de salir de viaje!

249 1.-c. 2.-d. 3.-b. 4.-a.
a. ¡Vete antes a la cama!
b. ¡Entonces vete al médico!

c. ¡No bebas tanto alcohol!
d. ¡Haz más deporte!

250 1. ¡Dígasela! 2. ¡No me las dejes!
3. ¡No las cerréis! 4. ¡Cómetelos!
5. ¡Paseémoslo! 6. ¡No se lo den nunca!

10.9

251 1. El nuevo Parlamento ha sido elegido por los ciudadanos.
2. Las leyes son aprobadas por el Parlamento.
3. Los ciudadanos son informados sobre las leyes aprobadas por los medios.
4. Las leyes deberán ser respetadas por los ciudadanos.
5. Antes muchas decisiones sobre la vida de los ciudadanos eran tomadas por el rey.

▶ Das Passiv wird mit *ser* + *participio* gebildet. Dazu wird *ser* in die benötigte Zeit gesetzt und die Endung des *participio* an Zahl und Geschlecht des Bezugsworts angepasst. Der „Täter" wird mit *por* angegeben.

252 2. Los árboles son cortados en otoño.
3. Los nombres de los ganadores fueron publicados en el periódico.
4. La autopista será ampliada a seis carriles.
5. El paquete no ha sido enviado a la dirección correcta.
6. El piercing fue puesto en el labio inferior.

253 1. ¿Cuándo entregarán el premio literario?
¿Cuándo se entregará el premio literario?
2. El castillo se construyó en el siglo XVI.
El castillo fue construido en el siglo XVI.
3. La novela ya ha sido traducida a 20 idiomas.
Ya han traducido la novela a 20 idiomas.
4. Estas alfombras se hacen a mano.
Estas alfombras son hechas a mano.
5. Todavía no habían terminado las obras de construcción.
Las obras de construcción todavía no habían sido terminadas.

254 1. Poca gente ha visto esta película.
2. Mi abuela siempre hace la tarta de cumpleaños.
3. El propio pintor inaugurará la exposición.
4. Cristóbal Colón descubrió América.

▶ Im Spanischen gibt es drei Möglichkeiten, um ein Ereignis passiv auszudrücken: mit dem Passiv (siehe Übung 251), mit der 3. Person Plural Aktiv und mit der *pasiva refleja*. Die *pasiva refleja* wird mit *se* + 3. Pers. Aktiv gebildet, im Singular bei einem Subjekt im Singular und im Plural bei einem Subjekt im Plural. Im Deutschen wird sie mit dem Passiv oder mit „man" übersetzt: *Se habla español.* = Es wird Spanisch gesprochen. / Man spricht Spanisch.
Se cultivan naranjas. = Es werden Orangen angebaut. / Man baut Orangen an.

▶ Bei der Umwandlung eines Passivsatzes in einen Aktivsatz wird der mit *por* angegebene „Täter" des Passivsatzes zum Subjekt des Aktivsatzes.

255 1. Creo que ya están arreglados.
2. No, gracias, ya está puesta.
3. Lo siento, ya está vendido.
4. Desgraciadamente es demasiado tarde.
Ya están enviadas.

▶ Mit dem Zustandspassiv gibt man das Resultat oder die Folge einer Handlung an. Es wird mit *estar* + *participio* gebildet. Die Endung des *participio* stimmt in Zahl und Geschlecht mit dem Bezugswort überein.

10.10

256 1. corta 2. hablen 3. gaste 4. limpie 5. son 6. tiene

▶ Enthält ein Relativsatz einen Wunsch oder eine Forderung, steht das Verb im *subjuntivo*.

257 celebramos; puedas; vemos; viene; seamos; vengáis; traes; asista; tenga; nos reunamos; pasemos

▶ Steht im Hauptsatz ein Verb, das eine Willensäußerung ausdrückt (Wunsch, Bitte, Aufforderung, Rat, Verbot), steht das Verb im Nebensatz im *subjuntivo*.

258 1. Me parece que este fin de semana no salgo.
2. No creo que tengas que estudiar mucho.
3. Tengo la sensación de que ya nos conocemos.
4. Creo que hoy no es mi día.
5. No estoy seguro de que nos entendamos.

▶ Nach einem bejahten Verb der Meinungsäußerung steht das Verb des Nebensatzes im *indicativo*. Ist das Verb der Meinungsäußerung verneint, folgt der *subjuntivo*.

259 1. cuando 2. después de que 3. Hasta que 4. para que 5. Antes de que

▶ Mit *para que* (damit, um zu) gibt man einen Zweck oder eine Absicht an. Das Verb danach steht immer im *subjuntivo*. Nach *cuando* (wenn, sobald), *después de que* (nachdem), *hasta que* (bis, solange), *antes de que* (bevor) steht das Verb im *subjuntivo*, wenn sich die Handlung auf die Zukunft bezieht (*Trabajaremos hasta que se haga de noche.* = Wir werden arbeiten, bis es Nacht wird.), im *indicativo,* wenn sich die Handlung auf die Vergangenheit (*Me esperaba siempre hasta que terminaba el trabajo.* = Er hat immer auf mich gewartet, bis ich mit der Arbeit fertig war.) oder eine Erfahrungstatsache in der Gegenwart bezieht. (*No para de fumar hasta que no termina el trabajo.* = Er hört nicht auf zu rauchen, bis er die Arbeit fertig hat.). Nach *antes de que* steht immer der *subjuntivo*.

260 1.-c. cuesten 2.-e. estéis 3.-d. estén 4.-a. cumpla 5.-b. sea

▶ Die Bedeutung von *aunque, cuando* und *mientras* hängt davon ab, ob nach ihnen der *indicativo* oder der *subjuntivo* steht: *aunque* + *indicativo* = obwohl / + *subj.* = auch wenn; *cuando* + *indicativo* = als / + *subj.* = wenn, sobald; *mientras* + *indicativo* = während / + *subj.* = solange

261 2. termine el trabajo a tiempo. 3. viajamos a Andalucía. 4. cuides de tus abuelos. 5. me explique cómo hacerlo. 6. voy a Madrid a estudiar.

▶ Nach unpersönlichen Ausdrücken, die eine Wertung ausdrücken, steht der *subjuntivo*. Drücken sie eine Wahrheit oder Gewissheit aus, steht der Indikativ.

262 1. Donde tú quieras. 2. Como tú quieras. 3. El que tú quieras. 4. Las que tú quieras. 5. Cuando tú quieras.

▶ Mit der Konstruktion ...*quieras* überlässt man anderen die Entscheidung. Der Satz nimmt das Fragepronomen (ohne Akzent!) oder bestimmte Artikel + *que* der Frage auf.

263 1. ¿Queréis que os ayudemos?
2. Me alegro de tener vacaciones en mayo.
3. Sentimos tener que marcharnos ya.
4. El médico prohibió que bebiera alcohol.
5. No creo que venga en coche.
6. ¿Prefieres que te llame antes?
7. Se alegra de haber encontrado una casa bonita.

▶ Ist das Subjekt in Haupt- und Nebensatz gleich, steht das Verb im Infinitiv. Bei verschiedenen Subjekten steht das Verb im Nebensatz im *subjuntivo*.

264 1. ayudarais; ayudéis 2. supieran; sepan 3. salga; saliera 4. estuvieras; estés 5. hiciera; haga

▶ Steht im Hauptsatz ein Verb, das im Nebensatz den *subjuntivo* verlangt (siehe Übungen 257, 258, 261), benötigt man im Nebensatz das *presente de subjuntivo*, wenn das Verb im Hauptsatz im *presente de indicativo* steht, und das *pretérito imperfecto de subjuntivo*, wenn das Verb im Hauptsatz im *indefinido, pretérito imperfecto* oder *condicional simple* steht.

265 1. Querría que vinieras.
2. Quisiera que me escucharas.
3. Desearía que estuvieras más tranquilo.
4. Me gustaría que me hicieras este favor.
5. ¿Me dejarías tu coche, si fuera posible?

▶ Eine Bitte lässt sich noch höflicher ausdrücken, wenn das Verb im Hauptsatz im *condicional simple* steht und das Verb im Nebensatz im *subjuntivo de imperfecto*.

266 1.-d 2.-e 3.-f 4.-b 5.-g 6.-a 7.-c

▶ In potenziellen Bedingungssätzen ist völlig offen, ob die Bedingung sich verwirklicht („Wenn die Sonne herauskäme"). In solchen potenziellen Bedingungssätzen verwendet man im Spanischen das *préterito imperfecto de subjuntivo*. Im zugehörigen Hauptsatz („könnten wir in den Park gehen") verwendet man das *condicional simple*.

267 2. Si no olvidáramos vuestra dirección, os enviaríamos una postal.
Si no hubiéramos olvidado vuestra dirección, os habríamos enviado una postal.
3. Sería más fácil si conociera Ud. el programa.
Habría sido más fácil si hubiera conocido Ud. el programa.
4. Si Carmen quisiera venir conmigo, me alegraría.
Si Carmen hubiera querido venir conmigo, me habría alegrado.
5. Si no tuviera que trabajar el sábado, daría contigo un paseo en bicicleta.
Si no hubiera tenido que trabajar el sábado, habría dado contigo un paseo en bicicleta.
6. Si los cruceros al Polo Norte no fueran caros, iríamos con toda la familia.
Si los cruceros al Polo Norte no hubieran sido caros, habríamos ido con toda la familia.

▶ In irrealen Bedingungssätzen der Vergangenheit – das sind Sätze, in denen sich die Bedingung nicht mehr erfüllen lässt, weil die Möglichkeit dazu schon vergangen ist – verwendet man im Spanischen im Hauptsatz das *condicional compuesto*, im Nebensatz das *pretérito pluscuamperfecto de subjuntivo*.

10.11

268 1. No le he dicho nada.
2. No hemos estado nunca en Nueva York.
3. Los viernes no hay nadie en casa.
4. No han comprado nada en la ciudad, ni una blusa ni un jersey.
5. Salió sin decir nada.
6. No nos trajeron ningún regalo.
7. No la invitaría a cenar con nosotros.
8. No encontraron a ninguna persona.
9. No quiero ni mencionar su nombre.

▶ Im Spanischen wird gewöhnlich mit *no* verneint. *No* steht vor dem konjugierten Verb oder, falls Pronomen vorhanden sind, vor den Pronomen. Das gilt auch für andere Verneinungswörter wie *nadie*, *nada*, *nunca*, *ninguno/-a/-os/-as* oder *tampoco*. Wenn man hingegen eines dieser Verneinungswörter hinter das Verb stellt, muss *no* zusätzlich vor dem Verb stehen. *Nunca hemos estado en… No hemos estado nunca en…*

269 1. Nadie nos lo había dicho.
2. No queda ningún trozo de tortilla.
3. No nos ayudó ninguno de vosotros.
4. No hemos visto ni nada ni a nadie / … ni a nadie ni nada.

270 1. No, nada más, esto es todo.
2. No, nunca. Pero nos gustaría viajar allí en verano.
3. Ninguno.
4. Creo que no hay nadie.

10.12

271 1. Lucía dice que tiene hambre.
2. Diego me comenta que anoche soñó conmigo.
3. Luis me ha preguntado si he visto sus llaves por aquí.
4. Silvia ha dicho que le gustaría viajar a Chile.
5. Rodrigo pregunta cuándo iré a visitarle.
6. Vanesa me pide que le lleve un poco de pan cuando vaya a su casa.

▶ Steht das Verb, mit dem die indirekte Rede eingeleitet wird, im *presente de indicativo* oder im *pretérito perfecto*, ändert sich die Zeit des Verbs der direkten Rede in der indirekten Rede nicht. Ein Imperativ in der direkten Rede wird in der indirekten Rede mit dem *subjuntivo* wiedergegeben. Das Fragewort einer direkten Frage wird in der indirekten Frage aufgegriffen. Eine direkte Frage, auf die man mit „ja" oder „nein" antworten würde, beginnt man als indirekte Frage mit *si*. Ebenfalls verändern sich einige Wörter: *ir* ⟷ *venir*, *llevar* ⟷ *traer*, *aquí* ⟷ *allí*, Personalpronomen.

272 1.-c. 2.-b. oder d. 3.-b. oder d. 4.-e 5.-a. 6.-f.

▶ Steht das Verb, mit dem die indirekte Rede eingeleitet wird, im *pretérito imperfecto, indefinido, pretérito pluscuamperfecto* oder *condicional simple*, verändert sich die Zeit des Verbs der direkten Rede wie folgt: *presente* → *pretérito imperfecto; pretérito perfecto* → *pretérito pluscuamperfecto; indefinido* → *pretérito pluscuamperfecto* (umgangssprachlich bleibt manchmal das *indefinido*); *futuro simple* → *condicional simple, presente de subjuntivo; pretérito imperfecto de subjuntivo; imperativo* → *pretérito imperfecto de subjuntivo*. In der indirekten Rede erhalten bleiben *pretérito imperfecto, pretérito pluscuamperfecto, condicional, condicional compuesto* und *pretérito imperfecto de subjuntivo*. Einige Wörter müssen sich im Bericht aber anpassen, z. B. *ir* ⟷ *venir*, *llevar* ⟷ *traer*, *aquí* ⟷ *allí*, Pronomen usw.

273 1. tenía 2. había preparado 3. había estado 4. iría 5. gustaría 6. habían estado

274 1. Rita: "Nunca he estado en Bilbao."
2. Daniel: "He vivido/viví muchas aventuras."
3. Pilar: "¿ Vendréis (Vendrán Uds.) el domingo a mi casa?"
4. Laura: "Tengo muchas ganas de hacer una escapada."
5. Natalia: "Todo ha ido bien."

275 ¿Sabes a quién me encontré ayer? Pues a Inés. Estuvimos charlando un buen rato. Me dijo que estaba muy contenta porque había aprobado el examen de español. Yo le contesté que me alegraba mucho por ella. Entonces me propuso que fuera con ella y sus compañeros a celebrarlo. Le pregunté adónde íbamos y me dijo que no muy lejos de allí. ¡Por supuesto que acepté!

Register

R

Register

Die Zahlen beziehen sich auf die durchnummerierten Übungen.

A

a 186–189, 193–196
Adjektive bei *estar* und *ser* 206–207
Adjektiv oder Adverb? 157–159
Adjektive: Endungen 137–143
Adjektive: Steigerung 160–166; 169
Adjektive: Stellung 152–156
Adverbien: Steigerung 166
Akkusativ 188
Akzentzeichen 14, 16, 21–22, 134
alguien 181; 183
alguno 143; 181; 183
alt 27
alto 27
andar 53
artista 28
Artist 28
Artikel 111–123
Aussprache 1–12

B

b: Aussprache 8
Bedingungssätze 266–267
Berufe: Redewendungen 91
bestimmte Artikel: Gebrauch 119–121
besuchen 43
Betonung 13–16
bildliche Redewendungen 84–96
bombón 29
Bonbon 29
bringen 44
bueno oder *bien?* 158

C

c: Aussprache 1–3
caliente 30
capa 31
carta 32
Computer 109
condicional compuesto 229
condicional simple: Konjugation 213, 216–217, 220–221
conducir 45
conocer 105
cuál(es) 185
cuarto 63
cuyo 180

D

dar 81
Datumsangabe 20
de 189–190, 193–196
deber 55
decir 80
dejar 64
desde oder *desde hace*? 199–200
desierto 33
Dessert 33
durante 201–202

E

en 186–187, 189, 193
escuchar 48
esposa 65
estación 66
estar 203–207
estar + gerundio 240

F

fahren 45
Fahrzeuge: Redewendungen 90
Falsche Freunde 27–42
Familie: Redewendungen 96
Farben: Redewendungen 95

Festlichkeiten: Redewendungen 94
firma 34
Firma 34
Fisch 46
Fragewörter 102, 184–185
futuro compuesto: Gebrauch 238
futuro compuesto: Konjugation 228
futuro simple: Gebrauch 236–239
futuro simple: Konjugation 213, 216, 220–221

G

g: Aussprache 4, 5, 6, 7
gerundio 240–243
gerundio: estar + gerundio 240–241
gimnasio 35
Groß- und Kleinschreibung 17–18, 20
gustar 106, 176
Gymnasium 35

H

haben 47
haber 47, 223
hacer 49
hay 203–205
hören 48
hoja 67

I

Imperativ 16, 244–250
imperfecto de subjuntivo: Gebrauch 264–267
imperfecto de subjuntivo: Konjugation 219
imponer 36
imponieren 36
indefinido: Bildung 213–215, 219–220
indefinido: Gebrauch 230–231, 233–235
Indefinita 181–183
Indikativ oder *subjuntivo*? 256–258
Indikativ Präsens: unregelmäßige Verben 213, 221
indirekte Rede 271–275
Infinitivkonstruktion 263
ir 45, 51, 53
ir a ver 43
presente de indicativo: Konjugation 212–213, 220–221, 223

J

j: Aussprache 7
jugar 58

K

k: Aussprache 3
kalt 30
Kappe 31
Karte 32
Kleidungsstücke: Redewendungen 85
kochen 49
kommen 51
Komparativ (erste Steigerungsstufe) 160–162, 166
Konditional (s. *condicional*)
Konjunktionen 259–260
können 50, 105
Körperteile: Redewendungen 84
Küche 62
Küche: Redewendungen 89
Kultur: Redewendungen 93

L

lassen 52
laufen 53
leicht 54

LL

ll: Aussprache 9
llevar 44

M

man 100
mantel 37
Mantel 37
mapa 38
Mappe 38
mientras 201–202, 260
mirar 57
mucho oder *muy?* 159
müssen 55

N

nada 181, 268–270
nadie 181, 268–270
Nationalitäten: Wendungen 98
Nationalitätsadjektive 142
ni 268–269
ninguno 143, 181, 183, 268–270
noticia 39
Notiz 39
nunca 268

O

Objektpronomen (s. Personalpronomen: Objekt)
oír 48
Ortsangaben 195–198
otro 99, 155

P

para 191–193
participio (Partizip Perfekt): Bildung 222–223
pasiva refleja 253
Passiv 251–254
Passiv: Zustandspassiv 255
Personalpronomen: Objekt 171–177, 224
Personalpronomen: Subjekt 170
pescado 46
pez 46
plato 68
poder 50, 105
por 189, 191–194
Possessivadjektive 145–151
Präpositionen 186–202
preparar 49
presente de indicativo: Gebrauch 236
presente de indicativo: Konjugation 212–213, 220–221, 223
presente de indicativo: unregelmäßige Verben 212–213
pretérito imperfecto: Bildung 217, 220–221
pretérito imperfecto: Gebrauch 230, 232, 234–235
pretérito perfecto: Bildung 223–225
pretérito perfecto: Gebrauch 230–231, 233, 235
pretérito pluscuamperfecto 226–227, 235
Provision 40
provisión 40

Q

qu: Aussprache 3
que als Relativpronomen 178–179
que bei Vergleichen 160–162

R

r: Aussprache 10–11
Reaktionen: Redewendungen 103–104
Rechtschreibung 17–26
reflexive Verben 208–211
Relativpronomen 178–180
rr: Aussprache 10–11

S

saber 50, 105
schwer 56
sehen 57
ser 204–207

sí: Redewendungen 110
sich freuen 107
si-Sätze (s. Bedingungssätze)
Spiel 59
spielen 58
Sport: Redewendungen 92
Steigerung der Adjektive 160–165, 169
Steigerung der Adjektive: unregelmäßige Formen 161
Subjektpronomen (s. Personalpronomen: Subjekt)
subjuntivo: Bildung 218, 220–221
subjuntivo: Gebrauch 256–267
Substantive auf *-a* 124, 127–129, 131
Substantive auf *-e* 124–126, 131
Substantive auf *-ista* 131
Substantive auf *-o* 124, 127–129, 131
Substantive: Aussprache und Betonung 12, 14
Substantive: Geschlecht 124–131
Substantive: Singular und Plural 132–136
Superlativ (zweite Steigerungsstufe) 163, 169
Superlativ: absoluter Superlativ 164

T

también 176
tampoco 176
tan(to)... como 167
Tasche 60
Telefon: Wendungen 77
tener 47
tener que 55
Termin 41
término 41
Tiere: Redewendungen 87–88
tocar 58
todo 182–183
traer 44

U

Uhrzeit 101
unbestimmte Artikel: Gebrauch 122

V

v: Aussprache 8
Vase 42
vaso 42
venir 51
ver 57
verbale Umschreibungen (*perífrasis verbales*) 79
Vergleiche gleichen Grades 167–168
Verlaufsform 240–241
verneinter Imperativ 247, 250
Verneinung 268–270
viajar 45
visitar 43

W

während 201–202
Wendungen 69–110
werden 61
Wetter 78

Z

Zahlen 144
Zeichensetzung 18–20
Zeit: Wendungen 75
Zeitangaben 74, 75, 189, 198
Zeitenfolge 264–265, 271–275
Zukunft: Bildung 213, 216, 220–221
Zukunft: Gebrauch 236–239
Zustandspassiv 255

Redewendungen –
Das Salz in der Sprache

Spanisch nicht nur sprechen und verstehen, sondern gleich mit gängigen Redewendungen punkten können! Dieses Übungsbuch für Anfänger und Fortgeschrittene macht es möglich.

Bildnachweis © Wayhome Studio - stock.adobe.com

Spanisch – Como pez en el agua
Die wichtigsten Redewendungen

Buch (128 Seiten)
Format: 14,80 x 20,80 cm, kartoniert
ISBN 978-3-19-157895-4

- Über 500 der wichtigsten Redewendungen mit vielen praktischen Anwendungsbeispielen in der Fremdsprache
- Lustige Cartoons veranschaulichen die Redewendungen und helfen beim Merke
- Übungsteil zum Training der richtigen Verwendung
- MP3-Download mit der Vertonung aller Redewendungen und Beispiele

Auch lieferbar für die Sprachen Englisch, Französisch und Italienisch

www.hueber.de/spanisch-lernen

Hueber